Olivia Eliasz

Arbeitsrecht für Start-ups

Olivia Eliasz

Arbeitsrecht für Start-ups

Die Dos & Don'ts für eine neue Generation von Unternehmern

Linde
populär

Bibliografische Information der Deutschen Nationalbibliothek
Die Deutsche Nationalbibliothek verzeichnet diese Publikation in der Deutschen Nationalbibliografie; detaillierte bibliografische Daten sind im Internet über http://dnb.d-nb.de abrufbar.

Hinweis: Aus Gründen der leichteren Lesbarkeit wird auf eine geschlechtsspezifische Differenzierung verzichtet. Entsprechende Begriffe gelten im Sinne der Gleichbehandlung für beide Geschlechter.

ISBN 9783709306314

Umschlag: buero8
Satz: Hannes Strobl, 2620 Neunkirchen

1210 Wien, Scheydgasse 24, Tel.: 01/24 630
www.lindeverlag.de
www.lindeverlag.at
Druck: Hans Jentzsch u Co. Ges.m.b.H.
1210 Wien, Scheydgasse 31
1

Inhalt

Vorwort

Ein Start-up-Unternehmen zu gründen ist fordernd. Innovativ zu sein heißt, etwas zu tun, was genau so noch nie zuvor jemand gemacht hat. Dabei muss man viel ausprobieren, und nicht alles gelingt gleich beim ersten Mal. Bis man das richtige Produkt gefunden hat, das die Käufer bzw. User auch anspricht und für das sie bereit sind, Geld zu bezahlen, sind viele Hürden zu meistern.

Dabei muss man sich auch um viele Dinge rundherum kümmern: Büroräumlichkeiten, Finanzierung, Marketing, Vertrieb, Personal – eine ganze Menge, die man da um die Ohren hat.

Dieses Buch bietet Ihnen ganz konkrete Hilfe, wenn es um Ihre (ersten) Mitarbeiterinnen und Mitarbeiter geht. Was müssen Sie aus arbeitsrechtlicher Sicht beachten, wenn Sie sich Unterstützung holen? Sich darüber zu informieren ist wesentlich, denn viele kleine Fehler, die oft einiges Geld und vor allem viel Zeit kosten würden, können so vermieden werden.

Der Aufbau des Buches orientiert sich am Werdegang eines Start-ups: Gründung, erster Mitarbeiter, die Wahl des Arbeitsvertrags, Mitarbeiterbeteiligung, Arbeitsplatzgestaltung, Arbeitszeit bis hin zum Verkauf des Unternehmens – dieser Ratgeber begleitet Gründerinnen und Gründer mit klaren Dos und Dont's und jeder Menge Tipps.

Ein großes Dankeschön an Olivia Eliasz, dass sie dieses Buch so übersichtlich und mehrwertstiftend konzipiert hat. Das hat Potenzial für ein zukünftiges Standardwerk für alle Start-ups in Österreich.

Johann „Hansi" Hansmann
Österreichischer Business Angel,
Best European Early Stage
Investor 2015

Sophie Martinetz
Gründerin und geschäftsführende
Gesellschafterin von Seinfeld
Professionals

Kapitel 1

Gründungsphase

Sie haben eine innovative Idee und nun beschlossen, Ihren Traum von einem eigenen Unternehmen zu verwirklichen? Einen Businessplan haben Sie schon erstellt und sind jetzt bereit, Ihr Start-up zu gründen. Was Sie in dieser Anfangsphase zu beachten haben, erfahren Sie in diesem Kapitel.

Gründung eines Start-ups während eines aufrechten Dienstverhältnisses

Als Gründer eines Start-ups sind Sie vor neue Herausforderungen gestellt. Aus arbeitsrechtlicher Sicht gibt es etliches zu beachten, damit der Traum von einem eigenen Unternehmen nicht zum Albtraum wird. Es existieren zahlreiche arbeitsrechtliche Bestimmungen, deren Einhaltung essenziell ist. Ignorieren Sie die Bestimmungen, riskieren Sie unerwünschte Konsequenzen, wie zum Beispiel eine Entlassung aus Ihrem noch aufrechten Dienstverhältnis, Geldstrafen oder Zahlungen. Im Folgenden werden für diese Anfangsphase typische Szenarien beschrieben und die sich aus den jeweiligen Situationen ergebenden Konsequenzen erläutert.

Was ist bei der Gründung zu beachten?

Sie sind Dienstnehmer und planen, sich neben Ihrer derzeitigen Tätigkeit selbstständig zu machen? Grundsätzlich gilt, dass eine nicht gesetzwidrige Nebenbeschäftigung zulässig ist und dem Dienstgeber auch nicht gemeldet werden muss. Dennoch bestehen – abhängig davon, ob Sie als Angestellter oder als Arbeiter tätig sind – unterschiedliche Verbote hinsichtlich einer Nebentätigkeit. Es empfiehlt sich daher jedenfalls, die Zustimmung Ihres Dienstgebers einzuholen. Bei mangelndem Einverständnis besteht das Risiko einer Entlassung.

DO

Holen Sie die Einwilligung Ihres Dienstgebers zu Ihrer geplanten selbstständigen Tätigkeit ein. Falls Sie Ihren Dienstgeber nicht darüber informieren und seine Zustimmung nicht einholen, riskieren Sie womöglich Ihre Entlassung.

Die erste Frage, die Sie am Weg in die Selbstständigkeit beantworten müssen, ist: Sind Sie Angestellter oder Arbeiter? Denn je nachdem, welche „Art" von Dienstnehmer Sie sind, gelangen unterschiedliche Regelungen hinsichtlich

Nebentätigkeiten zur Anwendung. Siehe dazu dieses Kapitel, Abschnitt „Was ist der Unterschied zwischen einem Angestellten und einem Arbeiter?“.

DO

Sollten Sie unsicher sein, ob Sie Angestellter oder Arbeiter sind, sehen Sie auf Ihrem Lohn-/Gehaltszettel bzw. in Ihrem Dienstvertrag nach.

Wer unterliegt einem Konkurrenzverbot?

Angestellte unterliegen dem Konkurrenzverbot. Als Angestellter dürfen Sie gemäß dem Angestelltengesetz nicht ohne die Einwilligung Ihres Dienstgebers ein selbstständiges kaufmännisches Unternehmen betreiben. Ferner dürfen Sie in dem Geschäftszweig Ihres Dienstgebers keine Handelsgeschäfte auf eigene oder fremde Rechnung machen. Der Begriff „Geschäftszweig“ umfasst in diesem Zusammenhang nur die von Ihrem Dienstgeber tatsächlich entfaltete Geschäftstätigkeit und nur die tatsächlich von ihm geführte Warenart.

BEISPIEL

Sie arbeiten in der IT-Branche und entwickeln für Ihren Dienstgeber, der ein Lebensmittelgeschäft betreibt, eine App. Diese App bietet den Kunden des Lebensmittelgeschäfts die Möglichkeit, auf einfache Weise die Vorteile einer Kundenkarte zu nutzen. Da Sie sich mit Ihrem Talent ein zweites Standbein aufbauen möchten, haben Sie in Ihrer Freizeit ein Start-up gegründet. Zurzeit entwickeln Sie dort, um sich etwas dazuzuverdienen, als freier Mitarbeiter für andere Geschäfte ebenfalls Apps, die als Kundenkarten fungieren.
Vorsicht: Sie verstoßen damit gegen das Konkurrenzverbot und setzen einen Entlassungsgrund.

Bloße Vorbereitungshandlungen zur Gründung eines eigenen Unternehmens, wie der Erwerb eines Gewerbescheins oder der Einkauf von Geräten, stellen jedoch keinen Entlassungsgrund dar. Ebenso ist beispielsweise die bloße Gründung eines Konkurrenzunternehmens noch nicht als verbotswidrige Vorbereitungshandlung anzusehen.

Wie lange gilt das Konkurrenzverbot?

Beachten Sie, dass das Konkurrenzverbot während der gesamten Dauer Ihres Dienstverhältnisses gilt. Das heißt, auch wenn Sie bereits gekündigt haben oder von Ihrem Dienstgeber gekündigt wurden, unterliegen Sie bis zu dem Tag, an dem Ihr Dienstverhältnis endet, dem Konkurrenzverbot – unabhängig von einer etwaigen Dienstfreistellung.

BEISPIEL

Sie arbeiten als leitende kaufmännische Angestellte in einer Schuhmanufaktur und haben plötzlich eine Eingebung für ein neues Schuhdesign, das ein Gefühl der Barfüßigkeit vermitteln soll. Sie sind von Ihrer Idee so sehr überzeugt, dass Sie sich selbstständig machen wollen, und überreichen deswegen Ihrer Dienstgeberin Ihre Kündigung. Sie werden von ihr sodann vom Dienst freigestellt. Während dieser Dienstfreistellung gründen Sie Ihre Barfußschuh GmbH, die im Geschäftszweig Ihrer Dienstgeberin tätig werden soll, und lassen sie im Firmenbuch registrieren. Den Geschäftsbetrieb nehmen Sie während der Dienstfreistellung, also während Ihres aufrechten Dienstverhältnisses, noch nicht auf. Sie holen jedoch Informationen über den Kauf von Maschinen sowie über die Finanzierung von Unternehmensgründungen ein.
Bei diesen Tätigkeiten handelt es sich lediglich um Vorbereitungshandlungen. Auch wenn Sie noch während Ihres Dienstverhältnisses Vorbereitungshandlungen zum Betrieb eines selbstständigen kaufmännischen Unternehmens im Geschäftszweig Ihrer Dienstgeberin für die Zeit nach Beendigung Ihres Dienstverhältnisses setzen, verstoßen Sie damit nicht gegen das Konkurrenzverbot.

Bedenken Sie, dass Ihr Dienstgeber bei Verstoß gegen das Konkurrenzverbot auch Schadenersatzansprüche gegen Sie geltend machen bzw. von Ihnen verlangen kann, die bezogenen Vergütungen herauszugeben.

BEISPIEL

Sie haben ein Start-up gegründet und bieten in der Folge den potenziellen Kunden Ihres Dienstgebers an, die Leistungen billiger als Ihr Dienstgeber zu verrichten.

Vorsicht: Mit einem derartigen Verhalten verstoßen Sie gegen das Konkurrenzverbot und setzen einen Entlassungsgrund.

Wer unterliegt einem Verbot der Betreibung eines „abträglichen Nebengeschäfts"?

Arbeiter unterliegen dem Verbot der Betreibung eines „abträglichen Nebengeschäfts" – außer der Dienstgeber willigt ein. Als Arbeiter sollten Sie folglich Ihren Dienstgeber über Ihre Nebentätigkeit informieren und falls dieser seine Einwilligung erteilt, dürfen Sie diese sodann verrichten und zwar, ohne dass Sie eine Entlassung befürchten müssen.

Als abträglich gilt eine Nebenbeschäftigung dann, wenn Ihr Dienstgeber durch diese Nachteile hat. Ein Nebengeschäft ist in diesem Zusammenhang die tatsächliche Besorgung von Arbeiten durch einen Dienstnehmer außerhalb des Geschäftsbetriebes seines Dienstgebers in der Absicht, sie wiederholt und in der Art zu verrichten, dass darauf Zeit und Mühe verwendet wird.

Eine abträgliche Auswirkung auf Ihren Dienstgeber ist zum Beispiel gegeben, wenn das Nebengeschäft im Gewerbe Ihres Dienstgebers betrieben wird. Sie machen Ihrem Dienstgeber damit Konkurrenz. Das ist insbesondere dann der Fall, wenn Sie Ihren Dienstgeber bei zu erbringenden Arbeiten preislich unterbieten und dadurch Kunden abwerben. Oder aber, wenn Sie Erwerbsgeschäfte Ihres Dienstgebers dadurch verhindern, dass Sie dem Verhandlungspartner Ihres Dienstgebers die Sache, über die Ihr Dienstgeber mit diesem verhandelt, abkaufen und dabei Ihren Dienstgeber überbieten.

BEISPIEL

Ihr Dienstgeber hat eine Werkstatt, in der Fahrräder repariert werden. Um sich etwas dazuzuverdienen, führen Sie in Ihrer Garage immer wieder Reparaturen auf eigene Rechnung durch.
Vorsicht: Es liegt eine unzulässige Konkurrenztätigkeit vor.

DON'T

Verrichten Sie keine „Schwarzarbeit", auch nicht für Bekannte oder Verwandte, da Sie damit einen Entlassungsgrund setzen. Die Tatsache, dass Sie sich hier ebenfalls der Steuerhinterziehung strafbar machen, sollten Sie auch nicht vergessen!

Gibt es noch andere Konkurrenzverbote?

Über die genannten Nebentätigkeitsverbote hinaus gibt es noch weitere gesetzliche Verbote von Nebentätigkeiten. Ferner können einzelvertraglich zusätzliche Nebentätigkeitsverbote vereinbart oder gesetzlich geregelte Verbote erweitert werden – dies jedoch nur bis zur Grenze der Sittenwidrigkeit. Prüfen Sie daher stets vor Aufnahme einer neuen Tätigkeit, ob Sie diese Tätigkeit auch aufnehmen dürfen.

Was ist eine Konkurrenzklausel und wann ist sie zu beachten?

Eine Konkurrenzklausel ist eine Vereinbarung zwischen dem Dienstgeber und dem Dienstnehmer, mit der sich der Dienstnehmer verpflichtet, bis zu einem Jahr nach dem Ende des Dienstverhältnisses weder selbstständig noch unselbstständig im Geschäftszweig des Dienstgebers tätig zu werden. Sie wird in der Regel in Dienstverträgen festgehalten, kann jedoch auch während des Dienstverhältnisses in einem „Sideletter" oder einer Zusatzvereinbarung zum Dienstvertrag vereinbart werden. Ebenso kann ein Kollektivvertrag diesbezügliche Bestimmungen enthalten.

Beachten Sie daher, dass Sie auch nach Beendigung des zwischen Ihnen und Ihrem (früheren) Dienstgeber abgeschlossenen Dienstverhältnisses in Ihrer Tätigkeit durch eine (nachvertragliche) Konkurrenzklausel eingeschränkt werden können. Diese Beschränkung der Erwerbstätigkeit darf sich jedoch nur auf den Geschäftszweig des Betriebes Ihres (früheren) Dienstgebers beziehen.

DO

Prüfen Sie, ob in Ihrem Dienstvertrag oder im auf Ihr Dienstverhältnis anwendbaren Kollektivvertrag eine Konkurrenzklausel enthalten ist.

Was passiert bei einem Verstoß gegen eine Konkurrenzklausel?

Häufig wird im Zusammenhang mit einer Konkurrenzklausel eine Konventionalstrafe festgelegt, die bei Verstoß gegen die Konkurrenzklausel durch den (ehemaligen) Dienstnehmer zu zahlen ist. Die Konventionalstrafe ist ein pauschalierter Schadenersatz und gebührt dem Dienstgeber deshalb unabhängig von der Höhe des tatsächlich eingetretenen Schadens. Die Konventionalstrafe unterliegt jedoch dem richterlichen Mäßigungsrecht. Das bedeutet, dass ein Richter die Strafe abmildern kann.

Eine für den Fall des Verstoßes vereinbarte Konventionalstrafe ist – bei ab dem 29.12.2015 abgeschlossenen Vereinbarungen – nur insoweit wirksam, als diese das Sechsfache des für den letzten Monat des Dienstverhältnisses gebührenden Nettomonatsentgelts nicht übersteigt. Allfällige Sonderzahlungen sind bei der Berechnung des Nettoentgelts nicht einzurechnen.

BEISPIEL

Ein Dienstnehmer erhält ein Nettoentgelt in Höhe von 2.000 Euro pro Monat. Eine Konventionalstrafe kann somit maximal in Höhe von 12.000 Euro (2.000 x 6) wirksam vereinbart werden.

Beachten Sie: Falls Ihr (ehemaliger) Dienstgeber mit Ihnen die Zahlung einer Konventionalstrafe vereinbart hat, hat er bei einem allfälligen Verstoß durch Sie nur Anspruch auf Zahlung dieser Konventionalstrafe. Er hat jedoch keinen darüber hinaus gehenden Anspruch auf Ersatz eines allenfalls vorliegenden weiteren Schadens.

MUSTER: (NACHVERTRAGLICHE) KONKURRENZKLAUSEL

Ein kostenloses Muster einer Konkurrenzklausel finden Sie unter http://oliviaeliasz.northcote.at. Damit können Sie eine Konkurrenzklausel besser als solche erkennen.

Sollten Sie – sobald Sie selbst Dienstgeber sind – in den mit Ihrem Dienstnehmer abzuschließenden Dienstvertrag eine Konkurrenzklausel aufnehmen wollen, können Sie dieses Muster ebenfalls verwenden. Die Aufnahme einer Konkurrenzklausel ist zu empfehlen!

Beachten Sie, dass eine Konkurrenzklausel nur dann wirksam ist, wenn Ihr Entgelt bei Beendigung des Dienstverhältnisses einen bestimmten Betrag übersteigt. Für ab dem 29.12.2015 geschlossene Verträge muss das Entgelt bei Beendigung das 20-fache der täglichen ASVG-Höchstbeitragsgrundlage, das ist im Jahr 2017 brutto 3.320 Euro pro Monat, übersteigen, damit die vereinbarte Konkurrenzklausel gültig ist.

Von diesem Entgelt sind nicht nur der Lohn bzw. das Gehalt, sondern auch der Durchschnitt der sonstigen unregelmäßigen Entgeltbestandteile, wie beispielsweise Überstunden, Zulagen oder Provisionen, umfasst. Nicht eingerechnet werden aber anteilige Sonderzahlungen (zum Beispiel Urlaubs- und Weihnachtsgeld).

Für Verträge, die vor dem 29.12.2015 abgeschlossen wurden, müssen geringere Mindestentgeltbeträge überschritten werden, wobei in diesen Fällen $1/12$ der Sonderzahlungen sowie der Durchschnitt der sonstigen unregelmäßigen Entgeltbestandteile in das Entgelt eingerechnet werden.

DO

Prüfen Sie den auf Ihr Dienstverhältnis anwendbaren Kollektivvertrag. Hier ist das Günstigkeitsprinzip zu beachten: Sie dürfen als Dienstnehmer durch den Kollektivvertrag nicht schlechter gestellt werden, als mit der im Gesetz festgelegten Konkurrenzklausel – es kann somit sein, dass der Kollektivvertrag eine für Sie günstigere Regelung enthält.
Überprüfen Sie daher: Enthält der Kollektivvertrag ein Verbot der Vereinbarung einer Konkurrenzklausel? Sieht der Kollektivvertrag als Voraussetzung für eine gültige Vereinbarung einer Konkurrenzklausel ein höheres Mindestentgelt vor Beendigung des Dienstverhältnisses als das im Gesetz festgelegte (20-fache der täglichen ASVG-Höchstbeitragsgrundlage) vor?

DON'T

Verwechseln Sie das Konkurrenzverbot nicht mit der Konkurrenzklausel. Das Konkurrenzverbot legt Pflichten fest, die der Dienstnehmer während des aufrechten Dienstverhältnisses einhalten muss. Die Konkurrenzklausel legt hingegen Pflichten fest, denen der Dienstnehmer (bis zu einem Jahr) nach Ende des Dienstverhältnisses, somit über die Dauer des Dienstverhältnisses hinaus, nachkommen muss.

Wichtig ist, dass die Art der Beendigung des Dienstverhältnisses Auswirkungen auf die Konkurrenzklausel hat, denn nicht bei allen Beendigungsarten wird die Konkurrenzklausel schlagend.

CHECKLISTE

Bei folgenden Beendigungsarten müssen Sie die Konkurrenzklausel **nicht** einhalten, und zwar wenn:

- ➔ Sie aus dem Dienstverhältnis berechtigt vorzeitig austreten, das heißt, das Dienstverhältnis aus wichtigem Grund ohne Einhaltung einer Kündigungsfrist auflösen,
- ➔ Sie die Kündigung aufgrund eines schuldhaften Verhaltens Ihres Dienstgebers aussprechen,
- ➔ Ihr Dienstgeber eine Kündigung ausspricht, Sie jedoch kein schuldbares Verhalten gesetzt haben (aber begründeten Anlass gegeben haben) und Ihr Dienstgeber bei der Beendigung nicht erklärt, dass er Ihnen während der Dauer der Beschränkung das Ihnen zuletzt zugekommene Entgelt zahlen wird,
- ➔ Ihr Dienstgeber eine Entlassung ausspricht, Sie jedoch kein schuldbares Verhalten gesetzt haben (aber sehr wohl begründeten Anlass gegeben haben) und Ihr Dienstgeber bei der Beendigung nicht erklärt, dass er Ihnen während der Dauer der Beschränkung das Ihnen zuletzt zugekommene Entgelt zahlen wird.

CHECKLISTE

Bei folgenden Beendigungsarten müssen Sie die Konkurrenzklausel einhalten, und zwar wenn:

- ➔ Sie aus dem Dienstverhältnis begründet austreten, ohne dass ein schuldbares Verhalten Ihres Dienstgebers vorliegt,
- ➔ Sie unberechtigt vorzeitig austreten,
- ➔ Sie begründet kündigen, ohne dass ein schuldbares Verhalten Ihres Dienstgebers vorliegt,
- ➔ Sie eine „gewöhnliche" Kündigung aussprechen,
- ➔ Ihr Dienstgeber eine berechtigte Entlassung ausspricht,
- ➔ Ihr Dienstgeber eine Kündigung oder Entlassung aufgrund Ihres schuldbaren Verhaltens (begründeter Anlass) ausspricht,

- Sie das Dienstverhältnis durch einvernehmliche Auflösung mit Ihrem Dienstgeber beenden (Ausnahme: Ihr Dienstgeber verzichtet ausdrücklich auf die Einhaltung der Konkurrenzklausel),
- das befristete Dienstverhältnis durch Ablauf endet,
- der zulässigerweise auflösend bedingte Dienstvertrag abläuft.

Ein weiterer Fall, in dem Sie die Konkurrenzklausel einhalten müssen, liegt vor, wenn Ihr (früherer) Dienstgeber Ihnen gegenüber erklärt, dass er Ihnen während der Dauer der Beschränkung das Ihnen zuletzt gewährte Entgelt zahlt.

DO

Sollten Sie mit Ihrem Dienstgeber übereinkommen, dass Ihr Dienstverhältnis durch einvernehmliche Auflösung enden soll, versuchen Sie jedenfalls mit ihm zu vereinbaren, dass er auf die Einhaltung der Konkurrenzklausel verzichtet. Sollte Ihr Dienstgeber einem derartigen Verzicht zustimmen, halten Sie diesen unbedingt zu Beweiszwecken schriftlich fest.

Konkurrenzklauseln, die zu weit gezogen sind bzw. einem vorübergehenden Berufsverbot gleichkommen, sind hingegen rechtsunwirksam. Sollte es zu Streitigkeiten hinsichtlich der Konkurrenzklausel kommen, führt das Gericht eine Interessensabwägung zwischen dem Interesse des Dienstgebers, in seinem Erwerb nicht geschädigt zu werden, und jenem des Dienstnehmers, seine Arbeitskraft bestmöglich zu verwerten, durch.

Arbeitsrechtliche Stellung des Gründers

Bevor Sie Ihr Unternehmen gegründet haben, haben Sie sich wahrscheinlich eingehend über die verschiedenen Rechtsformen informiert, in denen Sie Ihr Start-up gründen können, und sich anschließend für eine entschieden.

Die meisten Gründer entschließen sich dazu, ihr Start-up als Gesellschaft mit beschränkter Haftung, kurz GmbH genannt, zu gründen. Da eine GmbH eine juristische Person ist, hat sie zwar Rechte und Pflichten, ist als juristische Person jedoch nicht handlungsfähig. Deshalb braucht sie zu diesem Zweck entsprechende Organe. Insbesondere muss eine GmbH verpflichtend einen oder mehrere Geschäftsführer haben. Einem Geschäftsführer kommt die Aufgabe zu, die GmbH gegenüber Dritten zu vertreten (Außenverhältnis) sowie das Unternehmen zu leiten, also die Geschäfte zu führen (Innenverhältnis).

Ist man als Gründer automatisch Geschäftsführer seines Start-ups?

Für viele Gründer ist es naheliegend, dass sie als Founder der bzw. die Geschäftsführer ihres als GmbH gegründeten Start-ups werden. Dabei sollten Sie jedoch nicht unberücksichtigt lassen, dass Sie in der Position des Geschäftsführers nicht nur diverse Rechte, sondern auch verschiedene Pflichten haben. Nicht zuletzt sollten Sie sich auch darüber im Klaren sein, dass Sie als Geschäftsführer haften. Siehe dazu Kapitel 1, Abschnitt „Welche Haftung trifft den GmbH-Geschäftsführer?“. Bedenken Sie, dass die Einstellung eines sogenannten Fremdgeschäftsführers in gewissen Fällen die sinnvollere Variante ist. Siehe dazu Kapitel 1, Abschnitt „Fremdgeschäftsführer“.

CHECKLISTE

Bevor Sie sich entscheiden, Geschäftsführer Ihres Start-ups zu werden, sollten Sie sich insbesondere folgende Fragen stellen:

- ➜ Verfügen Sie über ausreichende fachliche Kenntnisse?
- ➜ Sind Sie ausreichend mit dem Geschäftsfeld der GmbH vertraut?
- ➜ Haben Sie ausreichende betriebswirtschaftliche Kenntnisse?
- ➜ Haben Sie ausreichende juristische Kenntnisse?

→ Müssen Sie davon ausgehen, dass ein oder mehrere Gesellschafter aufgrund der bestehenden Gesellschafterstruktur und sich der daraus ergebenden Mehrheitsverhältnisse Einfluss auf Ihre Tätigkeit als Geschäftsführer nehmen werden?

Der Geschäftsführer einer GmbH ist das ausführende Organ. Aus diesem Grund muss er eine natürliche, das heißt, physische sowie handlungsfähige Person sein. Weitere, spezielle Anforderungen, die über diese im Gesetz enthaltenen hinausgehen, können die Gesellschafter in der Satzung vereinbaren. So kann beispielsweise festgelegt werden, dass der Geschäftsführer ein Mindestalter haben oder über eine bestimmte Ausbildung verfügen muss.

Wie wird man Geschäftsführer einer GmbH?

Die gesellschaftsrechtliche Organfunktion erhält der Geschäftsführer durch die körperschaftsrechtliche Bestellung. Diese erfolgt für gewöhnlich entweder durch Gesellschafterbeschluss oder im Gesellschaftsvertrag. Sie kann jedoch auch beispielsweise durch das Gericht vorgenommen werden.

Von der gesellschaftsrechtlichen Organfunktion ist die dienstrechtliche Anstellung zu unterscheiden. Während die Bestellung die gesellschaftsrechtliche Funktion des Geschäftsführers samt den sich daraus ergebenden Rechten und Pflichten begründet, erfolgt die dienstrechtliche Anstellung mittels Anstellungsvertrag und legt die arbeitsrechtlichen Verhältnisse fest. Mit dem Anstellungsvertrag wird daher die schuldrechtliche Beziehung im Innenverhältnis des Geschäftsführers zur GmbH geregelt. Die Unterscheidung zwischen gesellschaftsrechtlicher Organfunktion und dienstrechtlicher Anstellung ist deshalb wesentlich, da der Beginn und das Ende der Geschäftsführertätigkeit auf beiden „Ebenen" berücksichtigt werden müssen: Auf gesellschaftsrechtlicher Ebene gibt es die Bestellung und die Abberufung des Geschäftsführers. Im Anstellungsbereich gibt es hingegen den Abschluss und die Kündigung bzw. Auflösung des Geschäftsführervertrags.

Die Generalversammlung – als Summe sämtlicher Gesellschafter – hat die Kompetenz, den Geschäftsführer zu bestellen. Darüber hinaus hat sie auch die Befugnis, ihn anzustellen. Der Anstellungsvertrag kann durch die

Gesellschafter, durch Gesellschafterbeschluss oder falls ein Dritter, zum Beispiel der Aufsichtsrat, dazu ermächtigt wurde, abgeschlossen werden.

DO

Beachten Sie, dass zwischen der gesellschaftsrechtlichen Bestellung und Abberufung eines Geschäftsführers und der dienstrechtlichen Anstellung eines Geschäftsführers – somit dem Eintritt in das schuldrechtliche Vertragsverhältnis – und der Beendigung bzw. Auflösung seines Geschäftsführervertrags unterschieden werden muss. Es handelt sich hierbei um verschiedene Rechtsakte. Die Abberufung des Geschäftsführers beendet daher nicht zwingend automatisch das Anstellungsverhältnis.

Welche Formvorschriften sind beim Abschluss eines Geschäftsführervertrags zu beachten?

Beim Abschluss des Anstellungsvertrags besteht Formfreiheit, das heißt, der Geschäftsführervertrag muss nicht zwingend schriftlich, sondern kann mündlich oder konkludent (stillschweigend) abgeschlossen werden. Dennoch sollte ein schriftlicher Vertrag zu Beweiszwecken und zur Vermeidung bzw. Klärung allfälliger Streitigkeiten, aber auch aus steuerrechtlicher Sicht, abgeschlossen werden. Ein schriftlicher Geschäftsführervertrag ist auch üblich.

DO

Schließen Sie den Geschäftsführervertrag schriftlich ab und schaffen Sie auf diese Weise Rechtssicherheit. Holen Sie sich bei der Formulierung des Vertrags idealerweise Unterstützung von einem auf Arbeitsrecht spezialisierten Rechtsanwalt. Dieser wird sicherstellen, dass alle relevanten Details geregelt sind, und wird Ihnen ein auf die Bedürfnisse Ihres Start-ups ideal abgestimmten Vertrag erstellen. Diese Investition wird sich spätestens bei allfälligen Streitigkeiten, die in jedem Start-up, egal wie unwahrscheinlich sie aus heutiger Sicht erscheinen, vorkommen können, bezahlt machen. Ungenaue Formulierungen oder gar nicht vorhandene Regelungen können Sie später nicht nur teuer kommen, sondern Ihr Start-up sogar finanziell gefährden. Dies beispielsweise, wenn Sie es verabsäumen, die Geheimhaltung sicherzustellen und sich vor Abfluss von Know-how zu schützen.

Sind arbeitsrechtliche Bestimmungen auf einen GmbH-Geschäftsführer anwendbar?

Die Anwendbarkeit von arbeitsrechtlichen Bestimmungen auf den Geschäftsführer einer GmbH hängt davon ab, ob er als Dienstnehmer zu qualifizieren ist. Das bedeutet, dass die Bestimmungen anwendbar sind, wenn er von der GmbH in persönlicher und wirtschaftlicher Abhängigkeit gegen Entgelt beschäftigt wird (§ 4 Abs. 2 Allgemeines Sozialversicherungsgesetz – ASVG).

Angesichts der Tatsache, dass die Ausgestaltung des Vertragsverhältnisses daher auch darüber entscheidet, ob arbeitsrechtliche Bestimmungen anwendbar sind oder nicht, kommt den Vertragsparteien, also der GmbH und dem Geschäftsführer, ein gewisser Gestaltungsspielraum zu.

Welche Arten eines Geschäftsführers gibt es?

Bei Geschäftsführern ist zwischen folgenden Arten zu unterscheiden:

- Fremdgeschäftsführer
- Gesellschafter-Geschäftsführer
  - Minderheitsgesellschafter-Geschäftsführer
  - Mehrheitsgesellschafter-Geschäftsführer
- Notgeschäftsführer
- Gewerberechtlicher Geschäftsführer

Fremdgeschäftsführer

Es ist durchaus möglich, jemanden, der kein Gesellschafter Ihres Start-ups ist, als Geschäftsführer anzustellen. Ein solcher Geschäftsführer wird Fremdgeschäftsführer genannt. Dies, weil er nicht an der Gesellschaft beteiligt ist und daher „fremd“ ist. Mit einem Fremdgeschäftsführer wird in der Regel ein „echter" Dienstvertrag abgeschlossen, da er seine Arbeit für gewöhnlich in persönlicher Abhängigkeit erbringt und unselbstständig tätig ist. Sollte jedoch keine wirtschaftliche und persönliche Abhängigkeit des Geschäftsführers vorliegen, wird in der Regel ein freier Dienstvertrag abgeschlossen.

Gesellschafter-Geschäftsführer

Wenn Sie Ihr Start-up im Form einer GmbH gegründet haben, werden Sie wohl dazu tendieren, die Tätigkeit des GmbH-Geschäftsführers selbst auszuüben. Sind Sie mehrere Founder und daher mehrere Gesellschafter, werden Sie zunächst entscheiden müssen, ob Sie einen oder mehrere Geschäftsführer bestellen möchten. Die Bestellung von mehr als zwei Geschäftsführern ist jedoch nicht üblich.

Bei einem Gesellschafter-Geschäftsführer, das heißt, einem Geschäftsführer, der gleichzeitig Gesellschafter der GmbH ist, ist seine Qualifikation als Dienstnehmer nach dem Ausmaß seiner persönlichen Abhängigkeit zu bestimmen. Diese hängt vom Umfang seiner Beteiligung an der Gesellschaft ab. Es muss somit geprüft werden, inwieweit die Anteile des Gesellschafter-Geschäftsführers einen wesentlichen Einfluss auf die Geschäftsführung ermöglichen. Ein solcher Einfluss liegt nicht nur vor, wenn der Gesellschafter-Geschäftsführer über die Mehrheit der Gesellschaftsanteile verfügt. Er ist auch gegeben, wenn die Beteiligung zwar weniger als 50 % beträgt, dem Geschäftsführer jedoch aufgrund des Gesellschaftsvertrags eine Sperrminorität zusteht. In diesem Fall ist er befähigt, Beschlüsse der Generalversammlung in den für seine persönliche Abhängigkeit wesentlichen Angelegenheiten zu verhindern. Ein Geschäftsführer, der wesentlich an der GmbH beteiligt ist bzw. eine Sperrminorität hat, kann kein Dienstnehmer sein.

Daher gilt für die arbeitsrechtliche Qualifikation eines Gesellschafter-Geschäftsführers: Der Umfang seiner Beteiligung und der Inhalt des mit ihm geschlossenen schuldrechtlichen Vertrags samt sich daraus für seine Tätigkeit ergebenden Rechte und Pflichten ist ausschlaggebend. Wenn Sie etwa Alleingesellschafter und daher zu 100 % an der GmbH beteiligt sind, verfügen Sie über sämtliche Geschäftsanteile und können daher kein Dienstnehmer sein.

BEISPIEL

Frau Sonnenschein hat ihre Barfußschuh GmbH gegründet. Sie hat ihre Schwester, die sowohl eine juristische als auch betriebswirtschaftliche Ausbildung hat, an der GmbH mit 35 % beteiligt. Sie soll auch die Rolle der Geschäftsführerin übernehmen. Nach dem Gesellschaftsvertrag hat die Beschlussfassung der Gesellschaft mit einer Mehrheit von 75 % des bei der Generalversammlung vertretenen Stammkapitals zu erfolgen.
Im konkreten Fall hat die Geschäftsführerin einen wesentlichen Einfluss auf die Geschäftsführung der GmbH. Ihr kommt nämlich die Sperrminorität zu. Eine persönliche Abhängigkeit der Geschäftsführerin ist somit nicht gegeben, weshalb ihr auch keine Dienstnehmereigenschaft zukommt. Die Tatsache, dass sie als Gesellschafter-Geschäftsführerin beherrschenden Einfluss auf die Gesellschaft hat, schließt ihre Qualifikation als Dienstnehmerin aus.

Notgeschäftsführer

In dringenden Fällen hat das Gericht auf Antrag eines Beteiligten – soweit und solange die zur Vertretung der Gesellschaft erforderlichen Geschäftsführer fehlen – einen oder mehrere Geschäftsführer zu bestellen („Notgeschäftsführer"). Ein solches „Fehlen" liegt vor, wenn die Position des Geschäftsführers formell unbesetzt ist, eine tatsächliche oder rechtliche Verhinderung vorliegt, aber auch wenn sich der Geschäftsführer weigert, die GmbH zu vertreten („Amtsverweigerung").

Gewerberechtlicher Geschäftsführer

Vom gesellschaftsrechtlichen Geschäftsführer ist der gewerberechtliche Geschäftsführer zu unterscheiden. Juristische Personen, zum Beispiel eine GmbH oder AG, sowie Personengesellschaften des Unternehmensrechts, beispielsweise eine OG oder KG, sind dazu verpflichtet, einen gewerberechtlichen Geschäftsführer zu bestellen, wenn sie ein Gewerbe ausüben.

Der gewerberechtliche Geschäftsführer ist dem Gewerbeinhaber, also der jeweiligen Gesellschaft gegenüber, für die fachlich einwandfreie Ausübung des Gewerbes und der Behörde gegenüber für die Einhaltung der gewerberechtlichen Vorschriften verantwortlich.

Welche Vertragsform sollte für einen Geschäftsführervertrag gewählt werden?

Aufgrund der in diesem Zusammenhang bestehenden Vertragsfreiheit kann die Art des Geschäftsführervertrags prinzipiell frei gewählt werden. Ein Geschäftsführer einer GmbH kann – wie bereits erwähnt – arbeitsrechtlich folglich unterschiedlich qualifiziert werden.

Grundsätzlich kommen die im Folgenden genannten Vertragsformen für den Geschäftsführer in Frage:

- ➜ beim wirtschaftlich selbstständigen Geschäftsführer sind dies:
  - Werkvertrag
  - Auftrag
- ➜ beim arbeitnehmerähnlichen Geschäftsführer ist dies der:
  - freie Dienstvertrag
- ➜ beim unselbstständig tätigen Geschäftsführer ist dies der:
  - „echte" Dienstvertrag

In der Regel wird jedoch entweder ein „echter" Dienstvertrag oder freier Dienstvertrag in Betracht kommen. Zur Abgrenzung der Vertragsformen Werkvertrag – freier Dienstvertrag – „echter" Dienstvertrag siehe Kapitel 2, Abschnitt „Welche Vertragsformen stehen zu Auswahl?".

BEISPIEL

Sie und Ihre zwei Studienkolleginnen haben eine außergewöhnliche Idee, die Sie verwirklichen möchten, und stehen kurz davor, ein Start-up in Form einer GmbH zu gründen. Nun müssen Sie entscheiden, wer welche Funktion übernimmt. Da Sie niemanden benachteiligen möchten und alle gleichberechtigt bleiben sollen, entschließen Sie sich zu dritt, alle drei Geschäftsführerinnen der GmbH zu werden.
Vorsicht: Diese Vorgangsweise ist nicht optimal. Vielmehr sollte für die Tätigkeit der Geschäftsführerin die Person gewählt werden, die über die besten fachlichen Kenntnisse im Geschäftsfeld der GmbH verfügt sowie betriebswirtschaftliche und juristische Kenntnisse (zumindest ein Basiswissen auf diesen Gebieten) hat. Die Haftungsrisiken sollten auch bedacht werden.

Welcher Sozialversicherung unterliegt ein GmbH-Geschäftsführer?

Grundsätzlich ist ein Dienstnehmer nach dem Allgemeinen Sozialversicherungsgesetz (ASVG) und ein Selbstständiger nach dem Gewerblichen Sozialversicherungsgesetz (GSVG) pflichtversichert.

Die Art der Sozialversicherungspflicht, der Sie als Geschäftsführer einer GmbH unterliegen, hängt nicht vorrangig von der Höhe Ihrer Beteiligung ab, sondern insbesondere davon, inwieweit Sie weisungsgebunden sind und Merkmale eines „echten" Dienstverhältnisses vorliegen.

Bei Fremdgeschäftsführern handelt es sich für gewöhnlich um „echte" Dienstnehmer, da sie in der Regel weisungsgebunden sind und in persönlicher Abhängigkeit stehen. Daher sind sie gemäß § 4 Abs. 2 ASVG pflichtversichert.

Sind Sie Gesellschafter-Geschäftsführer und mit höchstens 25 % an der GmbH beteiligt, dann sind Sie ebenfalls gemäß ASVG versichert. Sollte Ihr Dienstverhältnis jedoch nur untergeordnet Merkmale eines echten Dienstvertrags aufweisen und in Form eines Auftrags oder eines Werkvertrags abgeschlossen sein, sind Sie ein sogenannter „neuer Selbstständiger" und gemäß GSVG pflichtversichert.

Sind Sie mit mehr als 25 %, jedoch weniger als 50 % an der GmbH beteiligt, ist ausschlaggebend, ob ein echtes Dienstverhältnis im Sinne des § 4 Abs. 2 ASVG gegeben ist. Dies ist der Fall, wenn Sie persönlich und wirtschaftlich abhängig sowie gegen Entgelt tätig sind. Erfüllen Sie nicht die Kriterien für eine ASVG-Pflichtversicherung, sind Sie gemäß GSVG pflichtversichert. Sind Sie mit mehr als 25 %, jedoch weniger als 50 % an der GmbH beteiligt und verfügen Sie über die Sperrminorität, sind Sie gemäß GSVG pflichtversichert.

Sind Sie mit 50 % oder mehr an der GmbH beteiligt, sind Sie aufgrund der nicht vorhandenen Weisungsbindung selbstständig und daher nach dem GSVG pflichtversichert.

DO

Bei Fragen zur Sozialversicherung holen Sie detaillierte Informationen bei den jeweiligen Sozialversicherungsträgern ein. Die Kontaktdaten finden Sie unter: https://www.sozialversicherung.at unter den Reitern „Gesundheitsdienstleister" und „Vertragspartner".

Welche Haftung trifft den GmbH-Geschäftsführer?

Sie sind Geschäftsführer Ihres Start-ups, das Sie in Form einer GmbH gegründet haben? Was für Risiken verstecken sich hinter der Übernahme der Position eines Geschäftsführers einer GmbH? Haften Sie als Geschäftsführer? Ist die Haftung in einem gewissen Umfang beschränkt? Diese und ähnliche Fragen werden Sie sich früher oder später stellen. Je besser Sie informiert sind, desto geringer ist die Gefahr, etwas zu tun, was gegen das Gesetz verstößt, oder etwas zu unterlassen, was von Ihnen als Geschäftsführer nicht nur erwartet wird, sondern wozu Sie verpflichtet sind.

Die Thematik und Problematik der Haftung eines GmbH-Geschäftsführers ist umfangreich und füllt deswegen ganze Bücher. An dieser Stelle können daher nur ein paar wichtige Punkte hervorgehoben werden. Falls Sie sich weitergehend informieren möchten, finden Sie hilfreiche Informationen zu diesem Thema etwa in „Persönliche Haftung der Geschäftsführer, Vorstände und Aufsichtsräte" von Peter Ertl / Roland Gerlach / Norbert Griesmayr / Georg Muhri (Linde Verlag) sowie in „SWK-Spezial: Die GmbH in der Praxis" von Christian Fritz / Franz Scharf / Bernhard Siess (Linde Verlag).

DO

Seien Sie sich als Geschäftsführer des Haftungsrisikos bewusst und unterschätzen Sie dieses nicht. Nicht zuletzt aufgrund der Haftung sollten Sie sich vor der Annahme der Position des Geschäftsführers die richtigen Fragen stellen. Dies, damit Sie abschätzen können, ob Sie diese Tätigkeit nicht nur ausüben möchten, sondern vernünftigerweise auch ausüben können. Bei dieser

Entscheidung helfen Ihnen die Ausführungen in diesem Kapitel, Abschnitt „Ist man als Gründer automatisch Geschäftsführer seines Start-ups?“.

Welchen Sorgfaltsmaßstab muss ein Geschäftsführer einhalten?

Als Geschäftsführer einer GmbH müssen Sie bei Ihrer Geschäftsführung die Sorgfalt eines ordentlichen Geschäftsmannes anwenden. Sollten Sie nicht alleiniger Geschäftsführer sein, sondern sollte es noch weitere Geschäftsführer geben und einer von Ihnen seine Obliegenheiten verletzen, haften alle Geschäftsführer der GmbH zur ungeteilten Hand, das heißt solidarisch, für den daraus entstandenen Schaden.

Beachten Sie, dass bereits im Gründungsstadium Haftungsrisiken für den Geschäftsführer bestehen. Beispielsweise haftet der Geschäftsführer für falsche Angaben.

Die Haftung des Geschäftsführers beginnt mit seiner wirksamen Bestellung durch die Generalversammlung. Von der Eintragung ins Firmenbuch ist die Haftung hingegen unabhängig.

Welche Haftungsarten gibt es?

Ein Geschäftsführer kann nicht nur zivilrechtlich, sondern auch verwaltungs- und strafrechtlich haften. Dabei kommen folgende Haftungsarten in Betracht:

- Zivilrecht: Schadenersatz
- Verwaltungsrecht: Geldstrafe
- Strafrecht: Geldstrafe, Freiheitsstrafe

Was ist eine D&O-Versicherung?

Sie können auch eine sogenannte „D&O-Versicherung“ (Directors and Officers Liability Insurance) abschließen. Bei dieser handelt es sich um eine Vermögensschaden-Haftpflicht-Versicherung für organschaftliche Tätigkeiten.

DO

Informieren Sie sich über die D&O-Versicherung – Ihr Unternehmen kann für seine Organe (zum Beispiel für die Geschäftsführer) eine solche Versicherung abschließen. Ein nicht zu unterschätzender Vorteil ist auch, dass eine D&O-Versicherung den Führungskräften ein Sicherheitsgefühl gibt, sodass sie gegebenenfalls rasche, wirtschaftlich notwendige Entscheidungen leichter treffen können. Je größer Ihr Unternehmen und je höher der Umsatz ist, desto eher sollte eine Versicherung abgeschlossen werden.

Welche Haftungsgefahren bestehen in der Krise?

Sollte sich Ihr Start-up in einer Krise befinden, werden Sie wohl viele schlaflose Nächte verbringen und Ihre Gedanken darauf richten, wie Sie Ihr Unternehmen retten können. Vergessen Sie dennoch folgende Haftungsgefahren nicht:

- Die Haftung nach dem Unternehmensreorganisationsgesetz (URG)
  Nach dem URG haftet der Geschäftsführer, wenn er innerhalb der letzten zwei Jahre vor dem Antrag auf Eröffnung des Insolvenzverfahrens einen Bericht des Abschlussprüfers erhalten hat, wonach die Eigenmittelquote weniger als acht Prozent und die fiktive Schuldentilgungsdauer mehr als 15 Jahre betragen hat, und er
  - nicht unverzüglich ein Reorganisationsverfahren beantragt oder nicht gehörig fortgesetzt hat oder
  - einen Jahresabschluss nicht oder nicht rechtzeitig aufgestellt oder
  - nicht unverzüglich den Abschlussprüfer mit dessen Prüfung beauftragt hat. Ausnahmen bestehen jedoch.
- Die Haftung nach der Insolvenzordnung (IO)
  Als Geschäftsführer haften Sie, wenn Sie die Insolvenzmeldung schuldhaft verzögert haben.
- Die Haftung nach dem Eigenkapitalersatzgesetz (EKEG)
  Auch wenn das EKEG keine Haftungsbestimmung enthält, haftet der Geschäftsführer aus einer Analogie zum GmbH-Gesetz.

Wichtig: Auch wenn zahlreiche Haftungsgefahren bestehen, haftet ein Geschäftsführer nur dann, wenn er seine Pflichten verletzt.

Kann ein „normaler" Dienstnehmer Geschäftsführer werden?

Es kommt immer wieder vor, dass sich ein Mitarbeiter als wahrer Glücksgriff erweist und sich dieser Dienstnehmer hervorragend als Geschäftsführer des Start-ups machen würde. Aber ist es überhaupt möglich, dass ein „normaler" Dienstnehmer die Position des Geschäftsführers übernimmt? Müssen Sie hierbei etwas Besonderes beachten?

Sollten Sie sich als Gründer eines Start-ups entschließen, einen „normalen" Dienstnehmer zum Geschäftsführer zu bestellen und als solchen anzustellen, ist dies möglich. Aus arbeitsrechtlicher Sicht gibt es mehrere Möglichkeiten, wie Sie vorgehen können:

- Für gewöhnlich wird durch die Bestellung des Dienstnehmers zum Geschäftsführer sowie durch den Abschluss eines Geschäftsführerdienstvertrags das bisher bestehende „normale" Dienstverhältnis beendet. Sie können aber auch den bisher anwendbaren Dienstvertrag ruhend stellen. Sollten Sie sich für diese Variante entscheiden, bedeutet das, dass das Dienstverhältnis wieder (unverändert) auflebt, wenn das Mandatsverhältnis und der Geschäftsführerdienstvertrag beendet werden. Sie können auch vereinbaren, dass das „normale" Dienstverhältnis wieder auflebt, wenn der Geschäftsführer von seiner Funktion als Geschäftsführer abberufen wird.
- Da Sie nicht verpflichtet sind, einen Geschäftsführervertrag abzuschließen, können Sie theoretisch den „normalen" Dienstvertrag als Grundlage für die Geschäftsführertätigkeit verwenden. Von dieser Vorgangsweise ist jedoch abzuraten. Aufgrund der Tatsache, dass einem Geschäftsführer andere Rechte und Pflichten zukommen als einem Dienstnehmer, wäre in diesem Fall daher vieles nicht geregelt und es bliebe somit viel Interpretationsspielraum – Streitigkeiten wären vorprogrammiert.

DO

Schließen Sie mit einem Dienstnehmer, der zum Geschäftsführer bestellt wird, einen Geschäftsführervertrag ab und schaffen Sie auf diese Weise Klarheit in Bezug auf dessen Rechte und Pflichten.

Beachten Sie, dass mit der Bestellung eines „normalen“ Dienstnehmers zum Geschäftsführer dieser die Möglichkeit, eine Kündigung (aber auch eine Entlassung) nach dem Arbeitsverfassungsgesetz (ArbVG) anzufechten, verliert. Sollte der Geschäftsführer zu einem späteren Zeitpunkt seine Tätigkeit als Geschäftsführer beenden und wieder „normaler“ Dienstnehmer werden, so sind die Zeiten, die er in der Position des Geschäftsführers verbracht hat, nicht in die für eine Kündigungsanfechtung erforderliche Sechsmonatsfrist einzurechnen. Die Sechsmonatsfrist beginnt nach Ende der Organstellung neu zu laufen. Siehe dazu Kapitel 3, Abschnitt „Kündigungsanfechtung wegen Sozialwidrigkeit“.

Förderungen für Start-ups

Start-ups in Österreich haben den Vorteil, dass es hier zahlreiche Förderungen gibt. Da die Aufnahme von Mitarbeitern mit Kosten verbunden ist, sollten Sie als Founder nicht nur die Gesetze, die Sie als Arbeitgeber einzuhalten haben, kennen, sondern auch jene Regelungen, die Ihnen als Arbeitgeber finanzielle Vorteile bringen.

Beachten Sie jedoch, dass der Bereich der Förderungen einem ständigen Wandel unterzogen ist und es auf diesem Gebiet laufend Neuerungen gibt. Sowohl der Gesetzgeber als auch Unternehmen versuchen auf die wachsende Anzahl von Start-ups zu reagieren und möchten diese unterstützen. Aus diesem Grund sollten Sie sich bei den entsprechenden Organisationen nach der für Sie am besten geeigneten Förderung erkundigen. An dieser Stelle sollen nur ein paar Beispiele und Tipps herausgegriffen werden:

aws – Austria Wirtschaftsservice Gesellschaft mbH

Die Austria Wirtschaftsservice Gesellschaft mbH, kurz aws genannt, ist die Förderbank des Bundes. Ihre Hauptaufgabe ist die Unterstützung von Unternehmen bei der Umsetzung innovativer Ideen durch Vergabe von günstigen Krediten, Zuschüssen und Garantien. Dieses Angebot wird darüber hinaus durch individuelle Informations-, Beratungs-, Service- und Dienstleistungen für Unternehmen ergänzt.

DO

Informieren Sie sich über aktuelle Förderungen

- ➔ auf der Homepage der aws unter www.aws.at bzw.
- ➔ rufen Sie unter der Nummer der Förderungsberatung der aws an +43 1 501 75-100 bzw.
- ➔ schreiben Sie eine E-Mail an 24h-auskunft@aws.at. Dieser Service wurde unter anderem für die Beantwortung von Fragen zu Förderungen eingerichtet. Eine Antwort bekommen Sie von Montag bis Freitag binnen 24 Stunden.

Unter https://www.aws.at/service/web-services/aws-foerdermanager/ finden Sie den von der aws zur Verfügung gestellten Fördermanager.
Die aws stellt im Internet unter https://www.aws.at/foerderungen/foerderungsberatung/ eine Liste zur Verfügung, die eine (nicht abschließende) Aufzählung der in Österreich existierenden Förderungsstellen enthält. Wählen Sie im Downloadbereich die Schaltfläche „Förderungsstellen in Österreich" aus.

aws Lohnnebenkostenförderung
Beachten Sie, dass es seit 1.1.2017 einen Zuschuss für innovative Start-ups gibt, die erstmals Arbeitsplätze schaffen oder geschaffen haben. Sofern Ihr Start-up ein innovatives und wachstumsstarkes Kleinst- oder Kleinunternehmen ist, bekommen Sie für die ersten drei Arbeitsplätze einen Zuschuss. Nähe Informationen finden Sie unter https://www.aws.at/foerderungen/aws-lohnnebenkostenfoerderung/.

DO

Informieren Sie sich auch bei Ihrer regionalen Wirtschaftskammer, den Landesförderungsstellen in Ihrem Bundesland, bei Ihrer Bank oder auch bei von der aws zertifizierten Förderberatern über das bestehende Förderungsangebot, Finanzierungsmöglichkeiten und Serviceleistungen.

Österreichische Forschungsförderungsgesellschaft mbH
Die Österreichische Forschungsförderungsgesellschaft steht zu 100 % im Eigentum der Republik Österreich und ist die nationale Förderungsinstitution für die wirtschaftsnahe Forschung und Entwicklung in Österreich.

DO

Benutzen Sie den von der Austria Wirtschaftsservice Gesellschaft mbH und der Österreichische Forschungsförderungsgesellschaft mbH zur Verfügung gestellten **Förderpiloten** unter https://www.foerderpilot.at/.
Mit diesem Förderpiloten können Sie eine auf Ihren Bedarf abgestimmte Suche nach passenden Förderungen und Services durchführen. Diese gemeinsame Initiative der beiden Gesellschaften wird nach und nach erweitert.
Darüber hinaus wird unter https://www.foerderpilot.at/quickcheck.html auch ein **„Quick Check"** angeboten. Dieser funktioniert folgendermaßen: Sie beschreiben prägnant das von Ihnen geplante Vorhaben bzw. Ihre Geschäftsidee und erhalten binnen kurzer Zeit darauf abgestimmte Informationen über die in Frage kommenden Förderungen samt einer konkreten Empfehlung eines Förderprogramms.

Wirtschaftskammer Österreich

Die Wirtschaftskammern der Bundesländer bieten etliche Förderungen und Unterstützungen für Start-ups an.

DO

Informieren Sie sich über aktuelle Förderungen auf der Homepage der WKO unter www.wko.at.

Arbeitsmarktservice Österreich

Das Arbeitsmarktservice (AMS) bietet laufend eine Vielzahl an Förderungen sowohl für Dienstgeber als auch Dienstnehmer an. Das AMS vermittelt auch Dienstgeber und Dienstnehmer.

DO

Nützen Sie die Förderungsangebote des Arbeitsmarktservices. Aktuelle Informationen finden Sie stets auf der Homepage des AMS unter www.ams.at. Die aktuellen Förderungen finden Sie unter http://www.ams.at/service-unternehmen/foerderungen sowie unter http://www.ams.at/service-arbeitsuchende/finanzielles/foerderungen.

Im Folgenden finden Sie eine kurze Darstellung der für Sie als Gründer interessantesten Förderungsprogramme des AMS:

Unternehmensgründungsprogramm des AMS für Arbeitslose (Stand 1.1.2017)

Sind Sie arbeitslos gemeldet und möchten nun ein Start-up gründen? In diesem Fall können Sie – sofern Sie die entsprechenden Voraussetzungen erfüllen – die Förderung des AMS in Anspruch nehmen. Sie werden vom Arbeitsmarktservice mit diesem Gründungsprogramm auf dem Weg in die Selbstständigkeit unterstützt. Das Unternehmensgründungsprogramm dauert in der Regel sechs Monate und wird zwischen Ihnen und dem Arbeitsmarktservice vereinbart.

Förderung für Ein-Personen-Unternehmen (Stand 1.1.2017)

Sie haben sich dazu entschieden, Ihren ersten Mitarbeiter einzustellen? Falls Sie ein Ein-Personen-Unternehmen haben, ist dieses Förderungsangebot des Arbeitsmarktservices genau das Richtige für Sie. Beachten Sie, dass unter gewissen Bedingungen auch Personen- bzw. Kapitalgesellschaften diese Förderung gewährt werden kann. Wenn Sie als Dienstgeber seit über drei Monaten eine Kranken- und Pensionsversicherung nach dem Gewerblichen Sozialversicherungsgesetz (GSVG) haben und nach fünf Jahren wieder oder zum ersten Mal einen Dienstnehmer in diesem Unternehmen vollversicherungspflichtig beschäftigen, können Sie diese Förderung erhalten.

Die Förderung kann für ein vollversicherungspflichtiges Dienstverhältnis von jenen, die seit wenigstens zwei Wochen beim AMS vorgemerkt sind sowie von vorgemerkten Arbeitsuchenden unmittelbar nach dem Abschluss ihrer Ausbildung beantragt werden. Weitere Voraussetzung ist, dass ein Dienstverhältnis begründet wird, das mindestens 50 % der gesetzlichen oder kollektivvertraglichen Wochenstunden umfasst.

Sollten Sie als Ein-Personen-Unternehmen nach fünf Jahren wieder oder zum ersten Mal einen Dienstnehmer beschäftigen, können Sie einen pauschalierten Ersatz des Dienstgeberanteils zur Sozialversicherung erhalten.

Sofern das Dienstverhältnis länger als zwei Monate dauert, wird die Förderung für ein Jahr gewährt. Bei kürzeren Dienstverhältnissen erhalten Sie als Dienstgeber diese für die gesamte Dauer des Dienstverhältnisses.

Beachten Sie, dass Sie das Förderbegehren binnen sechs Wochen nach Beginn des Dienstverhältnisses in der für Sie als Dienstgeber zuständigen regionalen Geschäftsstelle des Arbeitsmarktservices einbringen müssen.

Förderung von Ersatzkräften während Elternteilzeitkarenz (Stand 1.1.2017)

Einer Ihrer Mitarbeiter ist in Elternteilzeitkarenz? Aufgrund der finanziellen Belastung zögern Sie, jemanden Neuen für diesen Zeitraum einzustellen? Beachten Sie, dass Ihnen das AMS während dieser Zeit unter die Arme greifen kann, indem es Förderungen für den Einsatz von Ersatzkräften während der Elternteilzeit vorsieht. So können Sie einen Zuschuss zu den Lohnkosten und den externen Qualifizierungskosten bekommen.

Die Förderung steht für Dienstverhältnisse von arbeitslos vorgemerkten Personen zu, die seit zumindest einem Monat arbeitslos sind, wobei das Dienstverhältnis innerhalb von drei Monaten nach dem Wechsel in die Teilzeitbeschäftigung anfangen muss. Das AMS gewährt diese Förderung für vier Monate bzw. bei vorzeitiger Beendigung für die Dauer des Dienstverhältnisses.

Beachten Sie, dass der Förderungswerber spätestens einen Monat nach Beginn der Arbeitstätigkeit den zuständigen Berater der regionalen Geschäftsstelle des AMS kontaktieren muss.

Neugründungs-Förderungsgesetz (NeuFöG)

Das Bundesgesetz, mit dem die Neugründung von Betrieben und die Übertragung von Klein- und Mittelbetrieben gefördert wird, kurz Neugründungs-

Förderungsgesetz – NeuFöG genannt, sieht zahlreiche Förderungen vor. Um in den Genuss der in diesem Gesetz geregelten Förderungen zu kommen, muss die Neugründung eines Betriebes (oder eine Betriebsübertragung) vorliegen.

Wann liegt eine Neugründung im Sinne des NeuFöG vor?

Diese liegt laut Gesetz unter anderem vor, wenn

- durch Schaffung einer bisher nicht vorhandenen betrieblichen Struktur ein Betrieb neu eröffnet wird,
- die die Betriebsführung innerhalb von zwei Jahren nach der Neugründung beherrschende Person (Betriebsinhaber) sich bisher nicht in vergleichbarer Art beherrschend betrieblich betätigt hat,
- keine bloße Änderung der Rechtsform in Bezug auf einen bereits vorhandenen Betrieb vorliegt,
- kein bloßer Wechsel in der Person des Betriebsinhabers in Bezug auf einen bereits vorhandenen Betrieb durch eine entgeltliche oder unentgeltliche Übertragung des Betriebes vorliegt,
- im Kalendermonat der Neugründung und in den folgenden elf Kalendermonaten die geschaffene betriebliche Struktur nicht durch Erweiterung um bereits bestehende andere Betriebe oder Teilbetriebe verändert wird.

Welche Förderungen sieht das NeuFöG vor?

Erfüllen Sie die genannten Voraussetzungen, dann werden bei Ihnen zur Förderung Ihrer Neugründung insbesondere folgende Gebühren, Abgaben bzw. Steuern – sofern sie unmittelbar im Zusammenhang mit der Neugründung des Betriebes zu zahlen oder abzuführen wären – nicht erhoben:

- Stempelgebühren und Bundesverwaltungsabgaben,
- Grunderwerbsteuer für die Einbringung von Grundstücken auf gesellschaftsvertraglicher Grundlage, soweit Gesellschaftsrechte oder Anteile am Vermögen der Gesellschaft als Gegenleistung gewährt werden,
- Gerichtsgebühren für die Eintragungen in das Firmenbuch,
- Gerichtsgebühren für die Eintragungen in das Grundbuch zum Erwerb des Eigentums für die Einbringung von Grundstücken auf gesellschaftsvertraglicher Grundlage, soweit Gesellschaftsrechte oder Anteile am Vermögen der Gesellschaft als Gegenleistung gewährt werden,

- die für beschäftigte Dienstnehmer anfallenden Dienstgeberbeiträge zum Familienlastenausgleichsfonds, Wohnbauförderungsbeiträge des Dienstgebers oder Auftraggebers, Beiträge zur gesetzlichen Unfallversicherung sowie die in diesem Zeitraum für beschäftigte Dienstnehmer anfallende Kammerumlage nach dem Wirtschaftskammergesetz mit folgenden Einschränkungen:
  - Die Begünstigung kann im Kalendermonat der Neugründung sowie in den folgenden 35 Kalendermonaten für beschäftigte Dienstnehmer in Anspruch genommen werden.
  - Die Begünstigung besteht für den Kalendermonat, in dem erstmals ein Dienstnehmer beschäftigt wird, und die folgenden elf Kalendermonate. Erfolgt die erstmalige Beschäftigung vor der Neugründung, beginnt der Begünstigungszeitraum mit dem Kalendermonat der Neugründung.
  - Ab dem zwölften Kalendermonat, das dem Kalendermonat der Neugründung folgt, ist die Begünstigung nur noch für die ersten drei beschäftigten Dienstnehmer anzuwenden.

Wie kommt man in den Genuss der Förderungen des NeuFöG?

Um die genannten Befreiungen in Anspruch nehmen zu können, müssen Sie als Betriebsinhaber der jeweiligen Behörde im Zeitpunkt, in dem Sie die Begünstigung in Anspruch nehmen möchten, ein ausgefülltes amtliches Formular, und zwar das Formular „NeuFö2" im Original, vorlegen.

Ausgestellt wird das Formular von den gesetzlichen Berufsvertretungen, und zwar jeweils von jener gesetzlichen Berufsvertretung, der Sie als Betriebsinhaber zuzurechnen sind, bzw. der Sozialversicherungsanstalt der gewerblichen Wirtschaft, falls Sie als Betriebsinhaber keiner gesetzlichen Berufsvertretung zugerechnet werden können.

Das Formular „NeuFö2" finden Sie auch im Internet unter www.bmf.gv.at. Wählen Sie dort die Schaltfläche „Formulare" und geben Sie in das Suchfeld „NeuFö2" ein.

Kapitel 2

Wachstumsphase

Geschafft! Sie haben die erste Hürde bewältigt, Ihr Start-up gegründet, die geeigneten Förderungen beantragt und die Tätigkeit als Geschäftsführer aufgenommen. Nun sind Sie bereit, Ihrem Ziel von einem erfolgreichen Unternehmen noch einen Schritt näher zu kommen. Nachdem Sie mit Ihrer innovativen Idee die ersten Erfolge erzielt haben, möchten Sie Ihr Unternehmen vergrößern. Sie werden Mitarbeiter beschäftigen wollen und damit zum ersten Mal die Funktion des Dienstgebers übernehmen. Was Sie in dieser Wachstumsphase zu beachten haben, erfahren Sie in diesem Kapitel.

Erster Dienstnehmer - Vorbereitung

Endlich ist es soweit: Sie müssen nicht mehr alles selbst machen, sondern können jemanden einstellen, der Sie unterstützt. Bevor Sie sich auf die Suche nach einem Mitarbeiter machen, sollten Sie sich jedoch unbedingt folgende Fragen beantworten:

- Brauchen Sie grundsätzlich jemanden zur Unterstützung oder benötigen Sie den Mitarbeiter zur Erledigung bestimmter, konkreter Aufgaben? Fallen diese Tätigkeiten laufend an oder nur einmalig bzw. eher selten?
- Werden Sie die Unterstützung des Mitarbeiters voraussichtlich längerfristig brauchen?
- Inwieweit soll der Mitarbeiter Ihren Weisungen unterliegen?
- Ist Ihnen eine gewisse Kontrolle über Ihren Mitarbeiter wichtig?
- Wollen Sie, dass der Mitarbeiter vor Ort in Ihrem Office arbeitet?
- Ist es für Sie wichtig, dass der Mitarbeiter zu bestimmten Zeiten an seinem Arbeitsplatz ist?
- In welchem Ausmaß wollen Sie die Bekleidung des Mitarbeiters bestimmen, damit dieser Ihr Unternehmen zum Beispiel Ihrer Philosophie entsprechend repräsentiert?
- Soll der Mitarbeiter die Arbeit selbst erledigen oder haben Sie nichts dagegen einzuwenden, wenn er sich vertreten lässt?
- Wollen Sie darauf Einfluss haben, in welcher Art und Weise der Mitarbeiter die Arbeit erledigt?

Von Ihrem individuellen Bedarf hängt sodann die Wahl der für Sie und Ihren künftigen Mitarbeiter korrekten Vertragsform ab. Sie sollten bei Ihrer Entscheidung nicht außer Acht lassen, dass Sie je nach Vertragsform mit unterschiedlich hohen Kosten rechnen müssen. Sie sollten sich auch genau überlegen, ob wirklich bereits der Zeitpunkt gekommen ist, sich einen Mitarbeiter leisten zu können. Unbedingt sollten Sie sich die auf Sie zukommenden Kosten vor Augen führen.

Im Folgenden wird ein Überblick über die für Sie als Start-up-Gründer relevanten Vertragsformen gegeben. Diese sind der Werkvertrag, der freie Dienstvertrag und der Arbeitsvertrag (auch „echter" Dienstvertrag genannt). Dieser Überblick wird Ihnen dabei helfen, die für Sie richtige Vertragsform zu wählen.

Welche Vertragsformen stehen zur Auswahl?

Werkvertrag

Diese Vertragsform sollten Sie wählen, wenn Sie jemanden „lediglich" für die Ausführung einer oder mehrerer bestimmter Tätigkeiten oder Projekte brauchen – wenn der Mitarbeiter zum Beispiel ein durch Sie erfundenes, neuartiges Gerät Ihren Vorstellungen, also sachlichen Weisungen entsprechend, herstellen soll. Dieser Mitarbeiter, in der Rechtssprache „Werkunternehmer" genannt, schuldet Ihnen als „Werkbesteller" sodann einen bestimmten Arbeitserfolg (ein „Werk"). Dieses Vertragsverhältnis endet mit der Leistungserfüllung, also der Erbringung der konkreten Tätigkeit, wie beispielsweise der Fertigstellung des zuvor als Beispiel genannten Gerätes.

Erbringt der Werkunternehmer die vertraglich vereinbarte Leistung nicht, hat er keinen Anspruch auf den festgelegten Werklohn. Sollte der Werkunternehmer das „Werk" hingegen nicht ordnungsgemäß, beispielsweise schadhaft, herstellen, haben Sie Gewährleistungsansprüche gegenüber dem Werkunternehmer.

Da die Zuordnung zu den einzelnen Vertragsformen nicht immer einfach ist, gibt folgende Checkliste einen kleinen Überblick über die Voraussetzungen, die der Mitarbeiter erfüllen muss, um als Werkunternehmer qualifiziert zu werden.

CHECKLISTE

Der Werkunternehmer

- schuldet einen bestimmten Erfolg,
- unterliegt nur sachlichen Weisungen, das heißt, nur Ihren Weisungen hinsichtlich Art, Umfang etc. des Werkes (für gewöhnlich wird das Werk bereits im Werkvertrag so genau konkretisiert, dass weitere Weisungen im Zuge der Herstellung nicht mehr notwendig sind),
- unterliegt keinen persönlichen Weisungen, das heißt, er kann wann und wo er will arbeiten,
- wird selbstständig tätig,
- muss das Werk nicht persönlich herstellen, sondern kann sich vertreten lassen oder das Werk zum Beispiel unter Zuhilfenahme eines Mitarbeiters oder eines Subunternehmers herstellen,
- stellt das Werk in der Regel aus eigenen Betriebsmitteln her.

BEISPIEL

Sie vereinbaren am 13.5.2017 mit dem Programmierer Herrn Lustig, dass er bis zum 31.8.2017 einen bestimmten Teil einer neuen Software für die Kundenkontenverwaltung entwickeln soll. Als Honorar für dieses Programm werden 6.000 Euro vereinbart. Es handelt sich um einen Werkvertrag.

Vorteile eines Werkvertrags

Angesichts der Tatsache, dass der Werklohn im Werkvertrag festgehalten wird, wissen Sie von Anfang an, mit welchen Kosten Sie rechnen müssen, und vermeiden somit böse Überraschungen. Ferner endet das Vertragsverhältnis mit Vertragserfüllung, das heißt, Sie müssen sich um keine Kündigung und somit auch nicht um die Einhaltung von Kündigungsfristen und -terminen oder Ähnliches kümmern.

Freier Dienstvertrag

Diese Vertragsform sollten Sie wählen, wenn Sie einen Mitarbeiter haben möchten, der gar nicht bzw. kaum von Ihnen persönlich abhängig ist, Sie nichts dagegen haben, wenn er sich vertreten lässt, Sie ihn nicht in die Organisation des Betriebes eingliedern möchten und es Sie nicht stört, dass der Mitarbeiter keine Erfolgsgarantie übernimmt.

Falls ein solcher Mitarbeiter, also ein „freier Dienstnehmer“, Ihren Vorstellungen entspricht, dann sollten Sie in diesem Fall als „Auftraggeber“ mit dem Dienstnehmer einen freien Dienstvertrag vereinbaren. Beachten Sie, dass auf einen freien Dienstvertrag nur jene arbeitsrechtlichen Normen (analog) anzuwenden sind, die nicht vom persönlichen Abhängigkeitsverhältnis des Mitarbeiters ausgehen. Siehe dazu dieses Kapitel, Abschnitt „Dienstvertrag“.

BEISPIEL

Ihnen fehlt in einem bestimmten Fachgebiet das entsprechende Know-how. Aus diesem Grund möchten Sie Beratungsleistungen eines Konsulenten in Anspruch nehmen. Dieser hat nämlich spezielle Erfahrungen bzw. ein spezielles Wissen in dem von Ihnen benötigten Fachgebiet. Um die Beratungsleistungen des Konsulenten in Anspruch nehmen zu können, müssen Sie einen Vertrag abschließen. Hier ist in der Regel ein freier Dienstvertrag die richtige Wahl.

Abgrenzung zu anderen Vertragsformen

Der wesentliche Unterschied zwischen einem freien Dienstvertrag und einem Werkvertrag ist der, dass ein freier Dienstvertrag auf eine (un-)bestimmte Zeit eingegangen wird. Es handelt sich hierbei um ein „Dauerschuldverhältnis". Ein Werkvertrag ist im Gegensatz dazu auf ein bestimmtes „Werk" gerichtet. Daher handelt es sich um ein „Zielschuldverhältnis".

Ein weiterer Unterschied ist, dass der Mitarbeiter bei einem freien Dienstvertrag zu keinem konkreten Arbeitserfolg, sondern zur sachgemäßen Ausführung verpflichtet ist, da er dem Auftraggeber seine Arbeitskraft zur Verfügung stellt. Somit müssten Sie als Auftraggeber dem freien Dienstnehmer sein Entgelt auch in dem Fall zahlen, wenn dieser keinen konkreten, Ihren Vorstellungen entsprechenden Arbeitserfolg erbringt.

CHECKLISTE

Der freie Dienstvertrag unterscheidet sich von anderen Vertragsarten insbesondere dadurch, dass der freie Dienstnehmer

- ➜ in (fast) keiner persönlichen Abhängigkeit zu dem Auftraggeber steht – das heißt, der Dienstnehmer unterliegt keiner Anwesenheitspflicht und ist hinsichtlich seiner Arbeitszeit und seines Arbeitsortes „frei",
- ➜ sich vertreten lassen kann,
- ➜ keinen Kontrollen durch den Auftraggeber unterliegt,
- ➜ zu keinem konkreten Arbeitserfolg, sondern „bloß" zur sachgemäßen Ausführung verpflichtet ist,
- ➜ überwiegend mit den Betriebsmitteln des Auftraggebers arbeitet,
- ➜ nicht in den Betrieb des Auftraggebers eingebunden ist.

Vorteile eines freien Dienstvertrags

Die Kosten, die Ihnen für den freien Dienstnehmer entstehen werden, sind relativ gut einschätzbar, da die Bezahlung meist auf Stundenbasis erfolgt. So haben Sie es in einem gewissen Umfang selbst in der Hand, wie viel Sie der Mitarbeiter kostet. Bei einem freien Dienstvertrag sind Sie an keinen Mindestlohn bzw. an kein kollektivvertragliches Mindestentgelt gebunden. Sie können somit grundsätzlich selbst entscheiden, wie viel Sie dem freien Dienstnehmer zahlen möchten, es muss „lediglich" zu einer Einigung über die Höhe des Entgelts zwischen Ihnen und dem freien Dienstnehmer kommen.

Erfahrungsgemäß ist es nicht immer einfach, einen Mitarbeiter zu finden, der mit dem Abschluss eines freien Dienstvertrags einverstanden ist, da er bei diesem im Vergleich zu einem „echten" Dienstnehmer schlechter gestellt ist (zum Beispiel hinsichtlich Urlaub, Entgeltfortzahlung bei Krankheit, fehlender Anwendbarkeit eines Kollektivvertrags etc.). Achtung: Es kommt immer wieder vor, dass ein freier Dienstnehmer im Nachhinein als echter Dienstnehmer qualifiziert wird.

DON'T

Sollten Sie sich für den Abschluss eines freien Dienstvertrags entscheiden, achten Sie darauf, dass Sie den freien Dienstnehmer keinesfalls wie einen „echten" Dienstnehmer behandeln, ihm also insbesondere keine Arbeitszeiten, keinen Arbeitsort etc. vorschreiben.

Wenn Sie einen Vertrag abschließen, auf dem „freier Dienstvertrag" steht, heißt das nicht automatisch, dass es sich tatsächlich um einen freien Dienstvertrag handelt, da nicht auf die Bezeichnung des Vertrags, sondern auf die gelebte Praxis abgestellt wird. Falls Sie den freien Dienstnehmer nämlich wie einen „echten" Dienstnehmer behandeln, riskieren Sie Gerichtsverfahren bzw. Nachzahlungen. Nachzahlungen riskieren Sie deshalb, weil ein „echter" Dienstnehmer arbeitsrechtlich bessergestellt ist. Zum Beispiel muss er zumindest das kollektivvertragsrechtliche Mindestentgelt erhalten, falls ein Kollektivvertrag zur Anwendung gelangt. Gehen Sie dieses Risiko nicht ein!

Dienstvertrag

Diese Vertragsform sollten Sie wählen, wenn Sie einen Mitarbeiter haben möchten, der zur persönlichen Leistungserbringung verpflichtet ist, dem Sie Weisungen erteilen können und den Sie in Ihren Betrieb eingliedern möchten.

Als Gründer eines Start-ups werden Sie wahrscheinlich einen modernen Zugang zu dem Thema Arbeitszeiten haben und vielleicht wenig von einem „Nine-to-five"-Job halten sowie womöglich keinen Wert darauf legen, wann (und wo) Ihr Mitarbeiter arbeitet. Sie sollten sich jedoch überlegen, ob Sie die Anwesenheit Ihres Mitarbeiters vielleicht doch für ein paar Stunden täglich im Office, bei einem wöchentlichen Jour fixe, bei Meetings, bei Messen bzw. sonstigen Veranstaltungen wünschen. In diesem Fall sollten Sie mit dem Mitarbeiter einen Dienstvertrag abschließen, wobei dieser auf eine bestimmte oder unbestimmte Zeit eingegangen werden kann.

Bei einem Dienstvertrag auf bestimmte Zeit endet das Dienstverhältnis automatisch bei Ablauf der vereinbarten Zeit (siehe dazu in diesem Kapitel, Abschnitt „Was muss bei einem befristeten Dienstvertrag beachtet werden?"). Ein Dienstvertrag auf unbestimmte Zeit wird meist durch eine Kündigung beendet, er kann jedoch auch durch eine Entlassung (siehe dazu Kapitel 3, „Entlassung") oder einen (un-)berechtigten Austritt enden. Eine einvernehmliche Beendigung ist sowohl bei einem befristeten als auch bei einem unbefristeten Dienstvertrag möglich.

Beim Dienstvertrag verpflichtet sich der „Dienstnehmer" dem „Dienstgeber" gegenüber zur persönlichen Leistungserbringung in persönlicher Abhängigkeit. In der Regel wird Entgeltlichkeit vereinbart. Sollte keine Vereinbarung getroffen werden, gilt im Zweifel ein angemessenes Entgelt als vereinbart.

Beachten Sie, dass es bei einem Dienstvertrag neben den Hauptpflichten (Arbeitspflicht auf der einen Seite und Entgeltzahlungspflicht auf der anderen Seite) eine Vielzahl an Nebenpflichten gibt (Treuepflicht des Dienstnehmers, Fürsorgepflicht des Dienstgebers). Nicht zu vergessen ist weiters die Tatsache, dass auf einen „echten" Dienstnehmer sämtliche arbeitsrechtliche Normen Anwendung finden, die vor allem den Dienstnehmer schützen. Bei Nichteinhaltung der arbeitsrechtlichen Normen (insbes. Gesetze, Kollektivvertrag, Betriebsvereinbarungen) durch Sie als Dienstgeber, kann es schnell zu unerfreulichen Geldansprüchen des Dienstnehmers Ihnen gegenüber kommen (zum Beispiel Urlaubsersatzleistungsansprüche, Kündigungsentschädigungsansprüche etc.).

Abgrenzung zum Werkvertrag

Der Dienstnehmer schuldet im Unterschied zu einem Werkunternehmer keinen bestimmten Erfolg, sondern die uneingeschränkte Zurverfügungstellung seiner Arbeitskraft.

CHECKLISTE

Einen „echten" Dienstnehmer erkennt man grundsätzlich daran, dass er

- ➔ persönlich weisungsgebunden ist,
- ➔ sachlich weisungsgebunden ist,
- ➔ dem Dienstgeber seine Arbeitskraft schuldet,
- ➔ in die organisatorische und hierarchische Struktur des Betriebes des Dienstgebers eingebunden ist,
- ➔ die Arbeitsleistung persönlich erbringen muss und sich nicht vertreten lassen darf,
- ➔ dem Dienstgeber gegenüber disziplinär verantwortlich ist,
- ➔ der Kontrolle des Dienstgebers unterliegt.

Beachten Sie, dass nicht alle diese Eigenschaften vorliegen müssen, damit ein Dienstnehmer als „echter" Dienstnehmer angesehen wird, sondern grundsätzlich ein Überwiegen der Merkmale genügt.

Vorteile eines Dienstvertrags

Ein wesentlicher Vorteil eines „echten" Dienstvertrags ist, dass der Dienstnehmer nicht nur sachlich, sondern auch persönlich weisungsunterworfen ist. Das heißt, Sie als Dienstgeber können den Dienstnehmer anweisen, die Arbeit in einer ganz bestimmten Art und Weise zu erledigen, also zum Beispiel, bestimmte Arbeitsabläufe einzuhalten. Weiters können Sie unter anderem auch – in einem gewissen Rahmen – Bekleidungsvorschriften aufstellen, beispielsweise, dass der Dienstnehmer bei Besprechungen mit Investoren ein Hemd tragen muss.

DON'T

Begehen Sie nicht den Fehler und wählen eine Vertragsform aus, die nicht den tatsächlichen Gegebenheiten entspricht. Sie riskieren damit (Nach-)Zahlungen und Geldstrafen.

Was passiert bei einer „Umwandlung“ in einen echten Dienstvertrag?

Sie haben einen Werkvertag oder freien Dienstvertrag abgeschlossen und nun hat sich herausgestellt, dass das Dienstverhältnis bei richtiger rechtlicher Beurteilung ein „echtes“ Dienstverhältnis ist? Oder weicht die tatsächliche Handhabung des Vertrags von der ursprünglichen Vereinbarung ab und ist aus diesem Grund ein „echtes“ Dienstverhältnis gegeben?

In solchen Situationen sollte abgeklärt werden, ob dem Mitarbeiter, mit dem fälschlicherweise kein „echter“ Dienstvertrag abgeschlossen wurde, Zahlungen zustehen. Es handelt sich hierbei insbesondere um Sonderzahlungen, Urlaubsentgelt, Krankenentgelt, Überstundenentgelte und Zulagen. Es muss aber auch geprüft werden, ob Differenzen zur entsprechenden kollektivvertraglichen Einstufung bestehen.

Sollte Ihr Dienstnehmer beispielsweise während des Dienstverhältnisses nie im Krankenstand gewesen sein oder sollten Sie ihm während seines Krankenstandes das Entgelt – aus welchem Grund auch immer – weiterhin gezahlt haben, stehen dem Dienstnehmer diesbezüglich keine (zusätzlichen) Zahlungen zu. Sollten Sie Ihrem Mitarbeiter zum Beispiel während seines Urlaubs sein Entgelt weitergezahlt haben, hat dieser keinen Anspruch auf Urlaubsersatzleistungen.

BEISPIEL

Sie haben einen Programmierer als freien Mitarbeiter eingestellt. Er erhält auf Basis des mit ihm abgeschlossenen freien Dienstvertrags „Honorare".
Da sich die Auftragslage binnen kürzester Zeit positiv entwickelt hat und Sie ihm laufend neue Projekte übertragen und ihn daher lieber vor Ort im Büro haben möchten, haben Sie den Programmierer angewiesen, täglich zu fixen Arbeitszeiten im Büro zu sein. Er soll auch den von Ihnen zur Verfügung gestellten Computer benutzen, damit Sie im Falle seines Ausfalls (zum Beispiel durch Krankheit) an den Projekten weiterarbeiten können. Sie wollen, dass der Programmierer auch dem ganzen Team immer von seinem Arbeitsfortschritt erzählt, weswegen er bei dem Jour fixe, der zweimal die Woche stattfindet, teilnehmen soll.
Als Sie nach einigen Monaten Ihren Rechtsanwalt treffen, erzählen Sie ihm von Ihrem engagierten Programmierer. Dieser weist Sie darauf hin, dass der Programmierer in Wahrheit aufgrund der Art und Ausgestaltung seiner Verwendung in einem „echten" Dienstverhältnis steht, das einem Kollektivvertrag unterliegt.
Dem Programmierer stehen somit sämtliche arbeitsrechtliche Ansprüche auf der Basis des anzuwendenden Kollektivvertrags zu. Bei der Prüfung, ob er aufgrund des Kollektivvertrags noch offene Ansprüche gegen Sie als seinen Dienstgeber auf Sonderzahlungen hat, muss das gesamte von ihm bezogene Einkommen aus den „Honoraren" berücksichtigt werden.

Haben Sie so niedrige Honorare an Ihren Dienstnehmer gezahlt, dass sich mit Hinblick auf den anwendbaren Kollektivvertrag eine „unterkollektivvertragliche" Entlohnung ergibt, besteht das Risiko, dass gegen Sie gemäß dem Lohn- und Sozialdumping-Bekämpfungsgesetz eine Verwaltungsstrafe verhängt wird. Siehe dazu dieses Kapitel, Abschnitt „Was ist das Lohn- und Sozialdumping-Bekämpfungsgesetz (LSD-BG)?"

DO

Beachten Sie, dass ein „echter" Dienstnehmer sozialversicherungs- sowie steuerrechtlich anders behandelt wird als ein freier Dienstnehmer bzw. jemand, der selbstständig tätig ist. Auch hier besteht ein Nachzahlungsrisiko.

Was ist bei Crowdworking zu beachten?

Sie möchten eine Software programmieren lassen und wollen sich dabei eines im Ausland ansässigen Programmierers bedienen? Oder Sie lassen durch jemanden, den Sie durch eine Crowdworking-Plattform gefunden haben, ein neues Design entwerfen? Es gibt viele Tätigkeiten, die Crowdworker unabhängig von ihrem Aufenthaltsort per Computer erledigen können.

Für Sie als Arbeitgeber scheint dieses neue Phänomen in der (digitalen) Arbeitswelt womöglich verlockend: Sie schreiben eine bestimmte zu erledigende Aufgabe über eine Crowdworking-Plattform an eine große, scheinbar anonyme Menschenmasse – die sogenannten Crowdworker – aus. Große Arbeiten zerlegen Sie typischerweise in viele kleine Einzelaufgaben. Diese Aufgaben werden dann von Crowdworkern online von zuhause aus erledigt. Die Bezahlung für erledigte Arbeit läuft unkompliziert über die Crowdworking-Plattform.

Bevor Sie jedoch auf einen Crowdworker zurückgreifen, informieren Sie sich im Einzelfall über die arbeitsrechtliche Situation – aus rechtlicher Sicht ist hier vieles zu beachten. Es ist auch davon auszugehen, dass der Gesetzgeber diese neue Form der Arbeitsorganisation, die online über Crowdworking-Plattformen abgewickelt wird, regeln wird müssen, da immer öfter die nicht vorhandenen (fairen) Rahmenbedingungen bzw. die nicht vorhandenen arbeitsrechtlichen Mindeststandards für Crowdworker bemängelt werden.

Beachten Sie, dass sich der Crowdworker beispielsweise als „Scheinselbstständiger" herausstellen könnte und Sie sodann mit (Nach-)Zahlungen konfrontiert sein könnten. Eine Scheinselbstständigkeit wird angenommen, wenn jemand zwar als Selbstständiger auftritt, die von ihm verrichtete Arbeit jedoch jener eines angestellten Dienstnehmers gleichkommt.

Was ist der Unterschied zwischen einem Angestellten und einem Arbeiter?

Sie planen, mit jemandem einen Dienstvertrag abzuschließen? Beachten Sie, dass der österreichische Gesetzgeber zwischen Angestellten und Arbeitern unterscheidet. Ob der Mitarbeiter bei Ihnen als Arbeiter oder als Angestellter beschäftigt sein wird, hängt – kurz gesagt – von seiner Tätigkeit ab.

Angestellter

Das Angestelltengesetz legt fest, dass Angestellte Dienstnehmer sind, die

- → vorwiegend kaufmännische Dienste,
- → höhere, nicht kaufmännische Dienste oder
- → Kanzleiarbeiten verrichten.

BEISPIEL

Angestellte sind Sekretäre, Sachbearbeiterinnen, Programmierer etc.

Arbeiter

Eine gesetzliche Definition, welche Dienstnehmer Arbeiter sind, gibt es nicht. Der Judikatur und Literatur zufolge, sind Arbeiter Dienstnehmer, die vorwiegend körperliche Arbeit leisten und somit ihre körperliche Arbeitskraft gegen Entgelt zur Verfügung stellen.

Grundsätzlich lässt sich sagen, dass Arbeiter

- → einfache manuelle Hilfstätigkeiten oder
- → hochqualifizierte manuelle Tätigkeiten, die eine mehrjährige Ausbildung voraussetzen (sogenannte Facharbeiter), verrichten.

BEISPIEL

Arbeiter sind Lagerarbeiter, Kellnerinnen, Maler etc.

Hat ein Praktikant Anspruch auf Entgelt?

Spielen Sie als Gründer mit dem Gedanken, Praktikanten einzustellen und auf diese Weise Geld zu sparen? Besonders in der Anfangsphase müssen Start-ups mit Ihren finanziellen Mitteln sehr umsichtig umgehen und können es sich oft nicht leisten, Mitarbeiter einzustellen und ihnen ein (angemessenes) Entgelt zu zahlen. Die Idee, Praktikanten einzustellen, denen man kein bzw. lediglich ein geringes Entgelt zahlen muss, klingt somit sehr verlockend. Leider ist diese Variante nicht die „Wunderlösung", wie von vielen Start-ups angenommen wird.

Aus arbeitsrechtlicher Sicht ist zwischen einem Praktikum als Arbeitsverhältnis und einem Praktikum als Ausbildungsverhältnis zu unterscheiden. Ferner ist zwischen einem freiwilligen Praktikum zum Kennenlernen eines Berufes sowie um erste Berufserfahrungen zu sammeln und einem Pflichtpraktikum, das in einem Lehrplan einer Schule vorgesehen ist, zu differenzieren.

Bevor Sie sich somit auf die Suche nach einem Praktikanten machen, sollten Sie sich unter anderem folgende Fragen stellen:

- Soll der Praktikant zu bestimmten Zeiten anwesend sein?
- Soll der Praktikant weisungsgebunden sein?
- Soll der Praktikant in den Arbeitsprozess eingegliedert werden?

Überwiegen die Merkmale eines Dienstverhältnisses (siehe dazu dieses Kapitel, Abschnitt „Dienstvertrag"), ist der Praktikant also zum Beispiel an bestimmte Arbeitszeiten gebunden, ist persönlich weisungsunterworfen etc., liegt folglich ein Dienstverhältnis vor.

Steht hingegen nicht die Arbeitsleistungsverpflichtung im Vordergrund, sondern Lern- und Ausbildungszwecke, liegt ein Ausbildungsverhältnis vor. Auf ein Ausbildungsverhältnis gelangen die arbeitsrechtlichen Bestimmungen nicht zur Anwendung. Somit kann das Entgelt frei vereinbart werden und es muss keine „Mindestbezahlung" erfolgen.

DO

Beachten Sie, dass, sofern die Merkmale eines Dienstverhältnisses gegeben sind, auch die arbeitsrechtlichen Bestimmungen zu Anwendung kommen, insbesondere das Recht auf ein entsprechendes Entgelt. Dies sollte unbedingt eingehalten werden, da Sie der „günstige" Praktikant ansonsten teuer zu stehen kommen könnte.

DON'T

Verwechseln Sie einen Praktikanten nicht mit einer kostenlosen Arbeitskraft und bieten Sie kein unbezahltes Praktikum an, das in Wahrheit ein verstecktes Arbeitsverhältnis ist.

Was ist ein Kollektivvertrag?

Bestimmt haben Sie schon öfter den Begriff „Kollektivvertrag" gehört. Was darunter zu verstehen ist und weshalb es für Sie als Start-up-Gründer wichtig ist, zu wissen, ob ein Kollektivvertrag und falls ja, welcher, auf Ihr Start-up anwendbar ist, erfahren Sie nun.

Unter dem Begriff „Kollektivvertrag" ist eine Vereinbarung zu verstehen, die zwischen kollektivvertragsfähigen Körperschaften der Arbeitgeber und jenen der Arbeitnehmer schriftlich abgeschlossen wird. Für gewöhnlich wird ein Kollektivvertrag zwischen den Arbeitgeberverbänden, insbesondere den Fachverbänden bzw. Fachgruppen der Wirtschaftskammerorganisation (WKO), und den Arbeitnehmerverbänden, insbesondere dem Österreichischen Gewerkschaftsbund (ÖGB), genauer gesagt den Fachgewerkschaften, abgeschlossen.

Durch Kollektivverträge können unter anderem

- die Rechtsbeziehungen zwischen den Kollektivvertragsparteien,
- die sich aus dem Dienstverhältnis zwischen Dienstgeber und Dienstnehmer ergebenden gegenseitigen Rechte und Pflichten,

- die Änderung kollektivvertraglicher Rechtsansprüche von aus dem Dienstverhältnis ausgeschiedenen Dienstnehmern,
- sonstige Angelegenheiten, deren Regelung durch Gesetz dem Kollektivvertrag übertragen wird,

geregelt werden.

Die normativen Bestimmungen in Kollektivverträgen, also jene Regelungen, die die Rechtsverhältnisse zwischen Dienstgebern und Dienstnehmern regeln, sind relativ zwingend. Sie können nämlich durch Betriebsvereinbarung oder Dienstvertrag weder aufgehoben noch beschränkt werden. Abweichende Vereinbarungen in Betriebsvereinbarungen und Einzelvereinbarungen können jedoch unter der Voraussetzung, dass sie für den Dienstnehmer günstiger sind, geschlossen werden (sogenanntes Günstigkeitsprinzip).

Auf wen ist ein Kollektivvertrag anwendbar?

Ein Kollektivvertrag gilt grundsätzlich für sämtliche Dienstgeber, die Mitglieder des abschließenden Arbeitgeberverbandes sind, und für jene Dienstnehmer, die bei solch einem Dienstgeber tätig sind.

Beachten Sie, dass Ihr Start-up keinem, einem oder mehreren Kollektivverträgen unterliegen kann. Damit Sie beurteilen können, ob und falls ja, welcher Kollektivvertrag auf Ihr Start-up anwendbar ist, sollten Sie zunächst prüfen, welchem Arbeitgeberverband Sie angehören. Sollten Sie für Ihre Tätigkeit eine Gewerbeberechtigung haben, sind Sie Mitglied bei der entsprechenden Fachorganisation der WKO. Sodann ist für die Beurteilung, ob und falls ja, welcher Kollektivvertrag für Ihr Start-up gilt, wie folgt vorzugehen:

- Hat die Fachgruppe keinen Kollektivvertrag abgeschlossen, unterliegt Ihr Start-up keinem Kollektivvertrag.
- Hat Ihr Start-up eine einzige Gewerbeberechtigung und hat die Fachorganisation für dieses Gewerbe einen Kollektivvertrag abgeschlossen, ist dieser Kollektivvertrag auf Ihr Start-up anwendbar.

Dass auf Ihr Unternehmen grundsätzlich mehrere Kollektivverträge anwendbar sind, kann durchaus vorkommen und ist auch nicht ungewöhnlich. Beachten Sie, dass für einen Dienstgeber zwar mehrere Kollektivverträge gelten können, ein Arbeitsverhältnis hingegen stets nur einem einzigen Kollektivvertrag unterliegen kann.

Sollten Sie über mehrere Gewerbeberechtigungen verfügen und aus diesem Grund ein sogenannter mehrfach kollektivvertragsangehöriger Dienstgeber sein, ist wie folgt vorzugehen, um zu beurteilen, welcher Kollektivvertrag für das jeweilige Dienstverhältnis gilt:

- Verfügen Sie über zwei oder mehrere Betriebe, so ist auf die Dienstnehmer der jeweilige dem Betrieb in fachlicher und örtlicher Beziehung entsprechende Kollektivvertrag anwendbar.
- Ist Ihr Betrieb in Betriebsteile bzw. in organisatorisch sowie fachlich abgegrenzte Betriebsabteilungen gegliedert, ist auf die einzelnen Wirtschaftsbereiche der jeweils zur Gewerbeberechtigung „gehörende" Kollektivvertrag anzuwenden. Sollte kein Kollektivvertrag für einen einzelnen Wirtschaftsbereich abgeschlossen worden sein, ist auf diesen kein Kollektivvertrag anwendbar.
- Ist eine organisatorische Trennung in Haupt- und Nebenbetriebe oder eine organisatorische Abgrenzung in Betriebsabteilungen nicht gegeben, so findet jener Kollektivvertrag Anwendung, der für jenen fachlichen Wirtschaftsbereich gilt, der für den Betrieb die maßgebliche wirtschaftliche Bedeutung hat. Durch Betriebsvereinbarung kann festgestellt werden, welcher fachliche Wirtschaftsbereich für den Betrieb die maßgebliche wirtschaftliche Bedeutung hat.
- Sollte weder eine organisatorische Trennung noch eine organisatorische Abgrenzung und auch keine maßgebliche wirtschaftliche Bedeutung eines fachlichen Wirtschaftsbereiches vorliegen, so findet der Kollektivvertrag jenes fachlichen Wirtschaftsbereiches Anwendung, dessen Geltungsbereich die größere Anzahl von Dienstnehmern in ganz Österreich erfasst, unabhängig von den Verhältnissen im Betrieb. Hier ist somit auf die vom jeweiligen Kollektivvertrag im ganzen Bundesgebiet erfassten Dienstnehmern abzustellen. Kontaktieren Sie für entsprechende Informationen am besten die WKO.
- Sollten Sie einen Dienstnehmer in zwei oder mehreren Betrieben oder in organisatorisch abgegrenzten Betriebsabteilungen beschäftigen, für die verschiedene Kollektivverträge gelten, findet auf den Dienstnehmer

jener Kollektivvertrag Anwendung, der seiner überwiegend ausgeübten Beschäftigung entspricht. Es wird hier auf das zeitliche Überwiegen abgestellt. Sollte solch eine überwiegende Beschäftigung nicht vorliegen, findet jener Kollektivvertrag Anwendung, dessen Geltungsbereich die größere Zahl von Dienstnehmern des fachlichen Wirtschaftsbereiches in ganz Österreich erfasst, unabhängig von den Verhältnissen im Betrieb.

BEISPIEL

Ein Unternehmen betreibt ein Geschäft, in dem trendige Hoverboards verkauft werden. Im „Kaffee-Eck" des Geschäftslokals wird frischer Kaffee in allen Variationen (entgeltlich) serviert. Das „Kaffee-Eck" befindet sich im hinteren Teil des Geschäfts. Die Mitarbeiter arbeiten sowohl im Geschäft als auch im „Kaffee-Eck". Der Umsatz des Geschäfts übersteigt jenen des „Kaffee-Ecks" deutlich.
Eine organisatorische Trennung der Wirtschaftsbereiche liegt nicht vor, da weder eine räumliche Trennung besteht, noch unterschiedliches Personal in Geschäft und „Kaffee-Eck" tätig ist. Somit wird auf die maßgebliche wirtschaftliche Bedeutung abgestellt. Da der Umsatz des Geschäfts viel höher ist, kommt für sämtliche Dienstnehmer der Kollektivvertrag für Handelsangestellte zur Anwendung.

Auch wenn auf Ihr Start-up ein Kollektivvertrag anwendbar ist, heißt das nicht automatisch, dass er für sämtliche Dienstverhältnisse gilt. Ein Kollektivvertrag kann nämlich einzelne „Dienstnehmergruppen" von seinem Geltungsbereich ausschließen – so geschieht dies nicht selten bei Geschäftsführern oder auch leitenden Angestellten. Aber auch Pflichtpraktikanten können zum Beispiel vom Geltungsbereich des Kollektivvertrags ausgenommen werden. Aus diesem Grund sollten Sie stets prüfen, ob ein Dienstverhältnis einem Kollektivvertrag unterliegt oder nicht.

DO

Prüfen Sie, ob der auf Ihr Start-up anwendbare Kollektivvertrag eine ausdrückliche Bestimmung enthält, die festhält, dass er für Geschäftsführer nicht gilt. Sollte der Kollektivvertrag keine ausdrückliche Regelung enthalten, gilt der Kollektivvertrag auch auf die in einem Dienstverhältnis stehenden Geschäftsführer. Umgekehrt bedeutet das, dass eine ausdrückliche Ausnahme enthalten sein muss, damit der Kollektivvertrag nicht anwendbar ist. Das gilt jedoch nur für ein „echtes" Dienstverhältnis, auf freie Dienstverträge und Werkverträge gelangt der Kollektivvertrag generell nicht zur Anwendung.
Auf der **KV-Informationsplattform** von ÖGB und Gewerkschaften finden Sie sämtliche aktuell gültigen Kollektivverträge: www.kollektivvertrag.at

Sollte ein Kollektivvertrag anwendbar sein, sollten Sie diesen im Dienstvertrag angeben. Vergessen Sie auch nicht, die Einstufung des Dienstnehmers in den Dienstvertrag aufzunehmen. Beachten Sie, dass eine falsche Einstufung teuer werden kann, insbesondere auch im Hinblick auf die im Lohn- und Sozialdumping-Bekämpfungsgesetz (LSD-BG) vorgesehenen Strafen. Siehe dazu in diesem Kapitel, Abschnitt „Was ist das Lohn- und Sozialdumping-Bekämpfungsgesetz (LSD-BG)?".

DO

Sollten Sie sich bei der Einstufung Ihres Mitarbeiters unsicher sein, holen Sie sich entsprechende rechtliche Unterstützung, beispielsweise bei einem auf Arbeitsrecht spezialisierten Rechtsanwalt.
Eine falsche Einstufung kann nämlich zu verbotenem Lohn- und Sozialdumping führen. Dieses ist strafbar.

Suche nach dem geeigneten Dienstnehmer

Bevor Sie einen Dienstnehmer einstellen, sollten Sie – um die für Sie richtige Wahl zu treffen – genau wissen, welche konkreten Bedürfnisse und Anforderungen Ihr Start-up hat, denen der Dienstnehmer gerecht werden soll.

Gründer eines Start-ups neigen dazu, zunächst in Ihrem Freundes- und Bekanntenkreis nach geeigneten Mitarbeitern zu suchen. Dies bietet den Vorteil, dass Sie als Dienstgeber jemanden einstellen, den Sie bereits kennen und Ihnen die entsprechenden Fähigkeiten und Kenntnisse sowie die Arbeitsmoral des künftigen Mitarbeiters (womöglich) bekannt sind. Sie sollten jedoch bedenken, dass die Einstellung eines Freundes oder eines Bekannten in einer Arbeitsbeziehung auch problematisch werden kann. Dies, weil Sie sodann dessen „Chef“ sind und Weisungen erteilen (müssen). Das könnte Ihnen durch die persönliche Nahebeziehung unter Umständen unangenehm sein und sich folglich negativ auf Ihr Start-up auswirken – vor allem, wenn der Dienstnehmer seine Tätigkeit nicht nur nicht Ihren Vorstellungen entsprechend erledigt, sondern die Qualität seiner Arbeitsleistung generell zu wünschen übrig lässt. Insbesondere sollten Sie sich deshalb auch mit dem möglichen Szenario auseinandersetzen, dass der Mitarbeiter doch nicht die erwartete bzw. erhoffte Leistung erbringt und Sie ihn kündigen oder sogar entlassen müssen.

Sollten Sie keinen passenden Mitarbeiter in Ihrem Freundes- bzw. Bekanntenkreis finden oder grundsätzlich jemanden anderen einstellen wollen, ist der erste Schritt auf der Suche nach dem geeigneten Dienstnehmer, ein Stelleninserat zu schalten. Hierbei sollten Sie unbedingt darauf achten, dass Sie die gesetzlichen Vorgaben einhalten, da Sie sich ansonsten mit Strafzahlungen konfrontiert sehen könnten. Siehe dazu Näheres im Punkt „DON’T“ des folgenden Abschnitts.

Was ist bei einer Stellenausschreibung zu beachten?

Da der Erfolg Ihres Start-ups auch von Ihrem bzw. Ihren Dienstnehmer/n abhängt, sollten Sie sich als Erstes überlegen, über welche Qualifikationen und Erfahrungen der künftige Mitarbeiter verfügen soll.

DO

Zusätzlich zu den rechtlichen Vorgaben, die Sie bei einer Stellenausschreibung beachten müssen, können Sie das Stelleninserat auch gleich als Werbung für Ihr Start-up nutzen.
Versuchen Sie daher, positiv aufzufallen – zum Beispiel durch eine interessante Beschreibung Ihres Unternehmens, die Ihre innovative Idee in das von Ihnen gewünschte Licht rückt, bzw. durch ein modernes, einzigartiges Design der Anzeige. Ferner sollte Ihr Stelleninserat so gestaltet sein, dass es nur die „richtigen" Bewerber anzieht, um nach Schaltung des Inserates nicht unnötig Zeit mit für Sie ungeeigneten Bewerbern zu verlieren. Es sollte im besten Fall nur für Sie geeignete Dienstnehmer zur Bewerbung animieren.

DON'T

Vergessen Sie keinesfalls, dass die Stellenausschreibung

- ➜ geschlechtsneutral und diskriminierungsfrei gehalten werden muss und
- ➜ das kollektivvertragliche Mindestentgelt anzugeben und gegebenenfalls auf die Bereitschaft zur Überbezahlung hinzuweisen ist (zum Beispiel „Überbezahlung je nach Qualifikation und Erfahrung").

Beachten Sie, dass Ihnen bei Verstoß Gerichtsverfahren sowie Schadenersatzforderungen bzw. Geldstrafen drohen!
Tappen Sie daher nicht in die „Diskriminierungsfalle"! Ein Hinweis, dass beispielsweise ein junger Mitarbeiter gesucht wird, sollte jedenfalls unterlassen werden.

Wann ist ein Stelleninserat geschlechtsneutral bzw. diskriminierungsfrei?

Geschlechtsneutral bzw. diskriminierungsfrei ist ein Stelleninserat dann, wenn niemand wegen seinem Geschlecht, seiner ethnischen Zugehörigkeit, Religion oder Weltanschauung, sexuellen Orientierung, dem Alter oder einer Behinderung benachteiligt wird.

Gibt es Ausnahmen?

Ausnahmsweise darf in einer Stellenausschreibung das Geschlecht angegeben werden. Dies jedoch nur, wenn

- dieses eine unverzichtbare Voraussetzung für die Ausübung der vorgesehenen Tätigkeit ist (klassisches Beispiel ist hier eine Sopransängerin, da ein erwachsener Mann für gewöhnlich nicht in dieser Stimmlage singen kann) bzw.
- es sich bei dem in der Stellenausschreibung genannten Merkmal um eine wesentliche und entscheidende berufliche Anforderung handelt, sofern es sich um einen rechtmäßigen Zweck und eine angemessene Anforderung handelt.

Die Verpflichtung der Angabe des kollektivvertraglichen Mindestentgelts besteht nicht, wenn es für die betreffende Branche keinen Kollektivvertrag gibt.

CHECKLISTE

Die Stellenausschreibung sollte folgende Informationen enthalten:

- den Firmenwortlaut,
- eine verständliche Bezeichnung der ausgeschriebenen Stelle,
- das Aufgabengebiet und das Anforderungsprofil,
- ob es sich um eine Teil- oder Vollzeitstelle handelt,
- ob eine Befristung vorgesehen ist,
- den künftigen Dienstort,
- den möglichen Diensteintritt,
- das kollektivvertraglich festgelegte Mindestentgelt,
- den Ausschluss des Ersatzes der Vorstellungskosten (von besonderer Bedeutung, wenn Sie die Bewerber telefonisch zu einem Bewerbungsgespräch einladen),
- die Kontaktdaten der Ansprechperson, die für den Bewerbungsprozess zuständig ist bzw. bei Fragen zu der ausgeschriebenen Position kontaktiert werden kann.

MUSTER: GESCHLECHTSNEUTRALE AUSSCHREIBUNG

Zum Beispiel ist durch die Angabe „Mitarbeiter (w/m) gesucht" ein Stelleninserat geschlechtsneutral.
Ein Muster für eine korrekte Stellenausschreibung finden Sie kostenlos unter http://oliviaeliasz.northcote.at/.

Nachdem Sie Ihr Stelleninserat auf einem Online-Portal bzw. in einer Zeitung platziert haben und die Bewerbungsunterlagen der potenziellen Mitarbeiter bei Ihnen ankommen, liegt es nun an Ihnen, die Unterlagen zu sichten und die Bewerber, die Sie zu einem Vorstellungsgespräch einladen wollen, zu kontaktieren.

DO

Grundsätzlich ist eine schnelle Reaktion auf eine Bewerbung empfehlenswert – rein rechtlich gibt es hier jedoch keine Fristen, die eingehalten werden müssen. Aus rechtlicher Sicht sind Sie nicht einmal verpflichtet, auf jede Bewerbung zu reagieren und gegebenenfalls eine Absage zu schicken.
Nicht nur aus Höflichkeit gegenüber den Stellensuchenden, die sich die Zeit genommen haben, um sich bei Ihnen zu bewerben, sollten Sie etwaige Absagen erteilen. Das Verschicken von freundlichen Absagen liegt auch in Ihrem eigenen Interesse, da es zu Ihrem guten Ruf am Markt beitragen kann.
Von Vorteil ist es weiters, die Bewerber über den Bewerbungsprozess (mit einem Standardschreiben) zu informieren, indem Sie ihnen zum Beispiel schreiben, dass eine Rückmeldung noch eine gewisse Zeit dauern wird, da die Unterlagen erst gesichtet werden müssen. Auf diese Weise verhindern Sie die (unnötige) Kontaktaufnahme von Bewerbern, die sich über den Stand ihrer Bewerbung informieren möchten.

Was sind Vorstellungskosten?

Beachten Sie, dass ein Bewerber grundsätzlich Anspruch auf den Ersatz von Vorstellungskosten hat. Unter „Vorstellungskosten" versteht man die Kosten, die einem Bewerber anlässlich seines Vorstellungsgesprächs, zu dem er von einem potenziellen Dienstgeber eingeladen wurde, angefallen sind. Dabei handelt es sich gewöhnlich um Fahrt- und Übernachtungskosten. Keine Vorstellungskosten sind zum Beispiel die Kosten für einen neuen Anzug, den sich der Bewerber extra für das Bewerbungsgespräch gekauft hat. Um die Vorstellungskosten ersetzt zu bekommen, muss der Bewerber diesen Aufwandersatz bei Ihnen jedoch erst geltend machen.

DO

Um der Verpflichtung zum Ersatz der Vorstellungskosten zu entgehen, sollten Sie den Ersatz vor dem Bewerbungsgespräch ausdrücklich ablehnen. Wenn Sie vorhaben, die Bewerber telefonisch zu kontaktieren, um sie auf diesem Weg zu einem Bewerbungsgespräch zu bitten, dann sollten Sie den Ausschluss des Ersatzes der Vorstellungskosten bereits in der Stellenanzeige festhalten. Ansonsten reicht ein ausdrücklicher und unmissverständlicher Ausschluss der Kosten in dem Schreiben bzw. E-Mail, mit der Sie den Bewerber einladen.

MUSTER: AUSSCHLUSS DES ERSATZES VON VORSTELLUNGSKOSTEN

Ein Formulierungsmuster für den Ausschluss des Ersatzes von Vorstellungskosten finden Sie kostenlos unter http://oliviaeliasz.northcote.at/.

Aufnahme der Tätigkeit durch den Dienstnehmer

Sollte ein Dienstzettel oder ein Dienstvertrag ausgestellt werden?

Auch wenn Sie gesetzlich lediglich verpflichtet sind, Ihrem freien bzw. Ihrem „echten“ Dienstnehmer einen Dienstzettel auszustellen, ist ein schriftlicher Dienstvertrag empfehlenswert. In diesem können Sie nämlich viele wichtige Details des Dienstverhältnisses regeln und sich nicht zuletzt auf diese Weise absichern.

Für die Erstellung eines Dienstvertrags sollten Sie sich idealerweise an einen auf Arbeitsrecht spezialisierten Rechtsanwalt wenden, damit dieser einen auf die Bedürfnisse Ihres Start-ups optimal abgestimmten Vertrag erstellt. Diese Investition lohnt sich, da Sie dadurch Fehler vermeiden, die Sie später teuer zu stehen kommen können.

Um die mit der Vertragserstellung anfallenden Kosten so gering wie möglich zu halten, ist es ratsam, um die Erstellung eines „Muster-Dienstvertrags“ zu ersuchen. Diesen können Sie sodann allen Ihren Mitarbeitern zur Unterschrift vorlegen – sofern Sie mit diesen einen Standard-Dienstvertrag abschließen möchten. Gegebenenfalls können Sie vom Rechtsanwalt auch Klausel-Varianten entwerfen lassen, aus denen Sie je nach Bedarf wählen können.

DO

Schließen Sie mit Ihrem Dienstnehmer einen schriftlichen Dienstvertrag ab. Lassen Sie den Dienstvertrag von einem auf Arbeitsrecht spezialisierten Rechtsanwalt erstellen. Sparen Sie nicht an der falschen Stelle – die Investition in einen professionell erstellten Vertrag wird sich (früher oder später) bezahlt machen! Sie gehen ansonsten ein unnötiges Risiko ein. Eine Klausel, die ungültig ist oder Ihre Rechte nicht entsprechend sichert, kann schnell einen wirtschaftlichen Nachteil verursachen.

DON'T

Durchforsten Sie nicht das Internet nach Verträgen, da die Fehlerquote zu hoch ist. Im Internet kursieren zu viele mangelhafte bzw. falsche Informationen. Bedenken Sie auch, dass im Internet vorhandene Musterverträge womöglich nicht auf dem österreichischen Recht basieren!

Als Dienstgeber sind Sie sowohl gegenüber freien als auch gegenüber „echten" Dienstnehmern verpflichtet, einen Dienstzettel auszustellen. Ein Dienstzettel hat im Gesetz festgelegte Mindestangaben zu enthalten.

CHECKLISTE

Grundsätzlich hat ein Dienstzettel folgende Informationen zu enthalten:

- Name und Anschrift des Dienstgebers,
- Name und Anschrift des Dienstnehmers,
- Beginn des Dienstverhältnisses,
- bei Dienstverhältnissen auf bestimmte Zeit das Ende des Dienstverhältnisses,
- Dauer der Kündigungsfrist,
- Kündigungstermin,
- gewöhnlicher Arbeits-(Einsatz)ort, erforderlichenfalls Hinweis auf wechselnde Arbeits-(Einsatz)orte,
- allfällige Einstufung in ein generelles Schema,
- vorgesehene Verwendung,
- die betragsmäßige Höhe des Grundgehalts oder -lohns, weitere Entgeltbestandteile wie zum Beispiel Sonderzahlungen,
- Fälligkeit des Entgelts,
- Ausmaß des jährlichen Erholungsurlaubes,
- vereinbarte tägliche oder wöchentliche Normalarbeitszeit des Dienstnehmers,
- Bezeichnung der auf den Dienstvertrag allenfalls anzuwendenden Normen der kollektiven Rechtsgestaltung (Kollektivvertrag,

Satzung, Mindestlohntarif, festgesetzte Lehrlingsentschädigung, Betriebsvereinbarung) und Hinweis auf den Raum im Betrieb, in dem diese zur Einsichtnahme aufliegen,

- Name und Anschrift der Betrieblichen Vorsorgekasse (BV-Kasse) des Dienstnehmers. Siehe dazu Kapitel 3, Abschnitt „Was ist unter Abfertigung neu zu verstehen?".

Sollte das Dienstverhältnis höchstens einen Monat betragen oder sollten Sie einen schriftlichen Dienstvertrag übergeben haben, der die Mindestangaben des Dienstzettels enthält, müssen Sie keinen Dienstzettel aushändigen.

Folgende Angaben können durch den Verweis auf die für das Dienstverhältnis geltenden Bestimmungen in Gesetzen oder Kollektivverträgen oder in betriebsüblich angewendeten Reiserichtlinien erfolgen:

- Dauer der Kündigungsfrist,
- Kündigungstermin,
- gewöhnlicher Arbeits(Einsatz)ort, erforderlichenfalls Hinweis auf wechselnde Arbeits(Einsatz)orte,
- die betragsmäßige Höhe des Grundgehalts oder -lohns, weitere Entgeltbestandteile wie zum Beispiel Sonderzahlungen,
- Fälligkeit des Entgelts (ausgenommen die Angaben zum Grundgehalt oder -lohn),
- Ausmaß des jährlichen Erholungsurlaubes, vereinbarte tägliche oder wöchentliche Normalarbeitszeit des Dienstnehmers.

Für welche Dauer kann ein Dienstvertrag abgeschlossen werden?

Ein Dienstvertrag kann entweder unbefristet oder befristet abgeschlossen werden.

Unter einem unbefristeten Dienstvertrag versteht man einen Vertrag, der auf unbestimmte Zeit abgeschlossen wird und daher kein Enddatum enthält. Er endet durch Kündigung, Entlassung, Austritt oder durch einvernehmliche Auflösung.

Unter einem befristeten Dienstvertrag ist hingegen ein Vertrag zu verstehen, der auf eine bestimmte Zeitdauer abgeschlossen wird. Der Vertrag endet zu einem bestimmten Termin oder bei Eintritt eines bestimmten festgelegten Ereignisses, ohne dass es eines Tätigwerdens Ihrerseits oder durch Ihren Dienstnehmer bedarf. Um einen befristeten Dienstvertrag vor dem vereinbarten Beendigungszeitpunkt kündigen zu können, muss eine Kündigungsmöglichkeit explizit im Dienstvertrag vereinbart werden. Beachten Sie, dass bei kurzen Befristungen die Vereinbarung einer Kündigungsmöglichkeit ohne sachliche Rechtfertigung nicht zulässig ist. Es muss ein angemessenes Verhältnis zwischen Zweck und Dauer der Befristung und der Möglichkeit zur Kündigung gewährleistet sein. Beispielsweise kann die Einräumung einer Kündigungsmöglichkeit mit einer 14-tägigen Kündigungsfrist bei einem auf sechs Monate befristeten, vom AMS geförderten Dienstverhältnis sachlich gerechtfertigt und somit zulässig sein.

Dienstvertrag zur Probe

Darüber hinaus gibt es die Möglichkeit, einen befristeten Dienstvertrag zur Erprobung des Dienstnehmers abzuschließen. Dieser geht dann für gewöhnlich in einen unbefristeten über. Beachten Sie, dass die Erprobung sachlich gerechtfertigt sein muss. Das bedeutet, dass sie in einem ausgewogenen Verhältnis zu der Ausbildung und der Tätigkeit stehen muss. Je anspruchsvoller die Tätigkeit ist, desto länger kann die Erprobungsdauer sein. Zum Beispiel sind bei Tätigkeiten, die eine akademische Ausbildung erfordern, drei Monate nicht unüblich.

Was muss bei einem befristeten Dienstvertrag beachtet werden?

Grundsätzlich sind befristete Dienstverhältnisse zulässig. Beachten Sie jedoch, dass die Gefahr besteht, dass sie als Kettendienstverhältnisse qualifiziert werden – darunter ist die Aneinanderreihung von befristeten Dienstverhältnissen zu verstehen. Diese sind ohne sachliche Rechtfertigung sittenwidrig.

Schließen Sie mit einem Dienstnehmer wiederholt einen befristeten Dienstvertrag ab und liegt dafür keine sachliche Rechtfertigung vor, wie zum Beispiel ein bestimmtes Projekt oder eine Karenzvertretung, geht die Judikatur von einem sittenwidrigen Kettendienstvertrag aus. Dies bewirkt, dass die Befristungen rechtsunwirksam sind und ein einheitliches unbefristetes Dienstverhältnis angenommen wird.

BEISPIEL

Sie stellen einen neuen Dienstnehmer ein. Da Sie ein sehr vorsichtiger Mensch sind und Sie sich hinsichtlich der finanziellen Situation, in der sich Ihr Start-up in Zukunft befinden wird, nicht sicher sein können, wollen Sie im Fall der Fälle keine lange Kündigungsfrist einhalten müssen. Daher schließen Sie mit Ihrem Dienstnehmer immer wieder einen auf zwei Monate befristeten Dienstvertrag ab.
Vorsicht: Angesichts der Tatsache, dass keine sachliche Rechtfertigung vorliegt, handelt es sich hierbei folglich um sittenwidrige Kettendienstverträge. Die Befristungen auf zwei Monate sind rechtsunwirksam. Es wird ein einheitliches unbefristetes Arbeitsverhältnis angenommen.

Was ist eine Probezeit?

Eine gute Möglichkeit, um einen neuen Dienstnehmer auf seine Fähigkeiten zu testen und festzustellen, ob der von Ihnen ausgewählte Mitarbeiter der Richtige für Ihr Start-up ist und auch in das womöglich schon vorhandene Team passt, ist die Vereinbarung einer Probezeit.

Während der Probezeit kann das Dienstverhältnis von Ihnen als Dienstgeber, aber auch von Ihrem Dienstnehmer jederzeit ohne Angabe von Gründen und ohne Einhaltung einer Frist oder eines Termins aufgelöst werden. Eine Probezeit kann grundsätzlich nur am Anfang des Dienstverhältnisses vereinbart werden.

DO

Vereinbaren Sie die Probezeit zu Beweiszwecken schriftlich. Eine mündliche Vereinbarung ist zwar zulässig, kann aber zu Beweisschwierigkeiten führen.

MUSTER: VEREINBARUNG EINER PROBEZEIT

Ein Formulierungsmuster für die Vereinbarung einer Probezeit finden Sie kostenlos unter http://oliviaeliasz.northcote.at/.

Beachten Sie, dass mit Dienstnehmern – mit Ausnahme von Lehrlingen – eine Probezeit von höchstens einem Monat vereinbart werden darf. Aus diesem Grund wird die Probezeit auch als „Probemonat" bezeichnet. Lehrlinge haben hingegen grundsätzlich eine dreimonatige Probezeit.

Auch wenn mit Angestellten und Arbeitern grundsätzlich eine Probezeit von maximal einem Monat vereinbart werden darf, sollten Sie jedoch unbedingt den auf Ihr Start-up anwendbaren Kollektivvertrag prüfen – manche sehen nämlich eine kürzere Probezeit vor.

DO

Prüfen Sie, bevor Sie die Probezeit vereinbaren, den auf Ihr Start-up anwendbaren Kollektivvertrag!

Vereinbaren Sie etwa keine einmonatige Frist, wenn der auf Ihr Start-up anwendbare Kollektivvertrag eine kürzere Frist vorsieht. Eine längere als die im Kollektivvertrag angegebene Probezeit darf durch Einzelvereinbarung nämlich nicht vereinbart werden. Sollten Sie dennoch eine längere Probezeit vereinbaren, kann das in gewissen Fällen zu einem auf die Dauer der verlängerten Probezeit befristeten Dienstvertrag (zur Probe) führen.

Arbeitszeit

Das Arbeitszeitrecht ist ein Teil des Dienstnehmerschutzrechts und soll den Dienstnehmer vor einer übermäßigen Inanspruchnahme durch den Dienstgeber schützen. Diesbezügliche Regelungen sind in erster Linie im Arbeitszeitgesetz (AZG) sowie im Arbeitsruhegesetz (ARG) enthalten. Beachten Sie, dass Sie bei Verstößen gegen diese Gesetze Verwaltungsübertretungen begehen und somit Verwaltungsstrafen riskieren. Die Kontrollen, ob die Vorschriften eingehalten werden, werden von den Arbeitsinspektoraten durchgeführt.

Leitende Angestellte, denen maßgebliche Führungsaufgaben selbstverantwortlich übertragen sind, unterliegen nicht den gesetzlichen Bestimmungen über die Arbeitszeit. Daher ist auf einen Geschäftsführer, der maßgebliche Führungsaufgaben selbstverantwortlich ausübt, weder das Arbeitszeitgesetz noch das Arbeitsruhegesetz anwendbar.

Was ist unter Arbeitszeit zu verstehen?

Unter Arbeitszeit wird die Zeit vom Beginn bis zum Ende der Arbeit ohne die Ruhepausen verstanden. Wichtig zu wissen ist, dass nicht jede Zeit, die ein Dienstnehmer dem Dienstgeber zur Verfügung steht, als Arbeitszeit bezeichnet wird. Mit dieser Definition sind nämlich insbesondere Unterschiede hinsichtlich der Höhe der Vergütung verknüpft.

Bei der **Arbeitsbereitschaft** hat sich der Dienstnehmer an einem vom Dienstgeber bestimmten Ort zur jederzeitigen Aufnahme der Arbeitsleistung im Bedarfsfall bereitzuhalten. Für Zeiten der Arbeitsbereitschaft kann der jeweilig anwendbare Kollektivvertrag oder – falls kein Kollektivvertrag anwendbar ist – der Dienstvertrag ein geringeres Entgelt oder sogar Unentgeltlichkeit vorsehen. Die Zeiten der Arbeitsbereitschaft gelten als Arbeitszeit.

Unter **Rufbereitschaft** versteht man Zeiten, in denen der Dienstnehmer für den Dienstgeber zwar jederzeit erreichbar sein muss, jedoch seinen Aufenthaltsort – innerhalb einer bestimmten Reichweite – selbst wählen und über die Verwendung solcher Zeiten im Wesentlichen frei entscheiden kann. Die Rufbereitschaft ist keine Arbeitszeit. Trotzdem sehen die Gesetze gewisse Einschränkungen vor. Das Arbeitszeitgesetz hält fest, dass die Rufbereitschaft außerhalb der Arbeitszeit nur an zehn Tagen pro Monat vereinbart werden darf. Weiters darf der Kollektivvertrag zulassen, dass Rufbereitschaft innerhalb eines Zeitraumes von drei Monaten an 30 Tagen festgelegt werden kann. Darüber hinaus regelt das Arbeitsruhegesetz, dass man sich pro Monat außerhalb der Arbeitszeit nur während zwei wöchentlicher Ruhezeiten, also der Wochen(end)ruhe, in Rufbereitschaft befinden darf. Für die Rufbereitschaft kann Unentgeltlichkeit oder eine eigene Vergütungshöhe vereinbart werden. Sollte keine ausdrückliche Vereinbarung getroffen werden, steht für die Rufbereitschaft zumindest das ortsübliche und angemessene Entgelt zu.

Reisezeit liegt gemäß der im Arbeitszeitgesetz enthaltenen Definition vor, wenn der Dienstnehmer im Auftrag des Dienstgebers vorübergehend seinen Dienstort (Arbeitsstätte) verlässt, um an anderen Orten seine Arbeitsleistung zu erbringen, sofern der Dienstnehmer während der Reisebewegung keine Arbeitsleistung zu erbringen hat. Reisezeiten zählen zur Arbeitszeit. Bei der Reisezeit ist zwischen aktiver und passiver Reisezeit zu unterscheiden.

Die **aktive Reisezeit** ist die Zeit, in der ein Dienstnehmer ein Fahrzeug lenkt, wobei ihm dies vom Dienstgeber ausdrücklich oder schlüssig angeordnet worden sein muss. Darüber hinaus muss der Dienstnehmer während dieser Reisebewegung im Auftrag des Dienstgebers seinen regelmäßigen Arbeitsort (Arbeitsstätte) verlassen, um an einem anderen Ort seine Arbeitsleistung zu erbringen. Unter dem Arbeitsort ist jener Ort zu verstehen, an dem der Dienstnehmer regelmäßig seine Tätigkeit verrichtet, unabhängig vom im Dienstvertrag festgehaltenen Arbeitsort.

Sollte das Lenken eines Fahrzeugs jedoch die Haupttätigkeit des Dienstnehmers sein, ist die Lenkzeit als Vollarbeitszeit zu qualifizieren und auch entsprechend zu vergüten.

Passive Reisezeit ist die Zeit, die der Dienstnehmer im Auftrag seines Dienstgebers in Verkehrsmitteln, auf Bahnhöfen oder Flughäfen oder auf dem Weg zu diesen verbringt. Dies, um einen Ort zu erreichen, an dem er vorübergehend seine Arbeitsleistung zu erbringen hat oder von diesem Ort wieder an den Dienstort zurückzukehren. Darüber hinaus leistet der Dienstnehmer während dieser Zeit keine Arbeit.

Die Unterscheidung zwischen aktiver und passiver Reisezeit ist hinsichtlich der Entlohnung der Reisezeit relevant. Da aktive Reisezeit als Vollarbeitszeit gewertet wird, ist sie auch entsprechend zu entlohnen. Für passive Reisezeit kann hingegen ein geringeres Entgelt vereinbart werden.

BEISPIEL 1

Sie haben Ihren Dienstnehmer, der normalerweise in Linz arbeitet, beauftragt, in der Nähe von Graz einen Kundentermin wahrzunehmen. Da der Kunde mit öffentlichen Verkehrsmitteln nur schwer erreichbar ist, haben Sie Ihren Dienstnehmer angewiesen, den für Ihr Start-up gekauften PKW für diese Fahrt zu nehmen. Da der Dienstnehmer mit einem PKW zu dem Kunden fährt und dabei das Fahrzeug selbst lenkt, liegt aktive Reisezeit vor. Würde er den Wagen nicht selbst lenken, sondern nur als Beifahrer mitfahren, würde hingegen passive Reisezeit vorliegen.

BEISPIEL 2

Sie haben einen Außendienstmitarbeiter, der regelmäßig in mehreren Bundesländern tätig ist und dort von einem Kunden zum Nächsten fährt. Da die Tätigkeit Ihres Außendienstmitarbeiters darin besteht, von einem Kunden zum Nächsten zu fahren und dort Arbeiten vorzunehmen, ist davon auszugehen, dass die Zeiten des Lenkens zur eigentlichen Arbeitstätigkeit gehören. Sie sind somit als Vollarbeitszeit zu werten.

BEISPIEL 3

Ihr Kunde, der seinen Sitz in Klagenfurt hat, ruft Sie an und teilt Ihnen mit, dass er dringend einen Ihrer Mitarbeiter vor Ort braucht. All Ihre Dienstnehmer arbeiten für gewöhnlich in dem sich in Wien Margareten befindenden Coworking Space. Sie weisen eine Dienstnehmerin an, zu dem Kunden zu fahren. Diese fährt sodann mit dem Zug nach Klagenfurt. Angesichts der Tatsache, dass die Dienstnehmerin mit dem Zug reist, handelt es sich hierbei um passive Reisezeit.

DO

Werfen Sie zunächst einen Blick in den auf Ihr Start-up anwendbaren Kollektivvertrag. Sollte dort keine Regelung enthalten sein, sollten Sie mit Ihrem Dienstnehmer explizit vereinbaren, wie die Reisezeit vergütet wird. Ansonsten steht Ihrem Dienstnehmer mangels Regelung auch für passive Reisezeit das volle Entgelt wie bei sonstiger Arbeit zu.

Was ist unter Normalarbeitszeit zu verstehen?

Unter Normalarbeitszeit ist jene Arbeitszeit zu verstehen, die keine Überstundenarbeit ist. Grundsätzlich darf die tägliche Normalarbeitszeit acht Stunden und die wöchentliche Normalarbeitszeit vierzig Stunden nicht überschreiten. Das Arbeitszeitgesetz sieht jedoch Ausnahmen von dieser Grundregel vor, insbesondere hält es fest, dass der Kollektivvertrag eine tägliche Normalarbeitszeit von bis zu zehn Stunden zulassen kann. Ferner wird beispielsweise eine Verlängerung der Normalarbeitszeit bei Arbeitsbereitschaft zugelassen. So kann die wöchentliche Normalarbeitszeit bis auf 60 Stunden und die tägliche Normalarbeitszeit bis auf zwölf Stunden ausgedehnt werden. Jedoch nur, wenn der Kollektivvertrag oder die Betriebsvereinbarung dies zulässt und in die Arbeitszeit des Dienstnehmers regelmäßig und in erheblichem Umfang Arbeitsbereitschaft fällt.

Sollte Ihr Dienstnehmer die Normalarbeitszeit überschreiten, steht ihm grundsätzlich ein Überstundenzuschlag zu. Dieser Zuschlag kann durch eine andere Verteilung der Normalarbeitszeit vermieden werden. Das Gesetz sieht eine Vielzahl an Möglichkeiten vor, wie die Normalarbeitszeit anders verteilt werden kann (zum Beispiel mittels einer Gleitzeitvereinbarung).

Was ist unter Überstundenarbeit zu verstehen?

Überstundenarbeit ist jene Arbeit, die außerhalb der Grenzen

- der zulässigen wöchentlichen Normalarbeitszeit oder
- der täglichen Normalarbeitszeit

liegt.

Das Arbeitszeitgesetz (AZG) legt fest, dass für Überstunden

- ein Zuschlag von 50 % oder
- eine Abgeltung durch Zeitausgleich gebührt. Der Überstundenzuschlag ist bei der Bemessung des Zeitausgleiches zu berücksichtigen oder gesondert auszuzahlen.

Sollte der auf Ihr Start-up anwendbare Kollektivvertrag einen höheren Zuschlag vorsehen, steht dem Dienstnehmer dieser zu. Kollektivverträge sehen für gewöhnlich insbesondere für an einem Feiertag, einem Sonntag oder in der Nacht verrichtete Arbeit höhere Zuschläge vor. Sollten Sie mit Ihrem Dienstnehmer Zeitausgleich vereinbart haben, müssen Sie ihm für eine Überstunde 1,5 Stunden Zeitausgleich gewähren. Eine Abgeltung im Verhältnis 1:1 ist nicht zulässig. Sie können mit Ihrem Dienstnehmer aber auch eine „Mischvariante" vereinbaren, also beispielsweise, dass dieser für eine Überstunde eine Zeitausgleichsstunde sowie eine finanzielle Abgeltung von 0,5 Stunden erhält.

DO

Bitte beachten Sie, dass die meisten Kollektivverträge für Überstundenarbeit höhere als die gesetzlich vorgeschriebenen Zuschläge vorsehen, insbesondere für an Feiertagen, Sonntagen oder in der Nacht verrichtete Arbeit. Prüfen Sie somit stets den auf Ihr Start-up anwendbaren Kollektivvertrag, um Ihren Dienstnehmern Zuschläge in der richtigen Höhe auszuzahlen.

BEISPIEL

Sie haben mit Ihrem Dienstnehmer vereinbart, dass er für allfällige Überstunden Zeitausgleich nehmen wird. Der Dienstnehmer leistet sechs Überstunden.
Der Dienstnehmer hat folglich Anspruch auf neun Stunden (6 mal 1,5) Zeitausgleich.

Sollten Sie mit Ihrem Dienstnehmer eine Überstundenpauschale oder einen All-in-Vertrag vereinbaren, decken Sie damit die durchschnittlich anfallenden Überstunden ab.

DO

Sollte Ihr Dienstnehmer mehr als die durch die Überstundenpauschale oder durch die All-in Vereinbarung abgedeckten Überstunden leisten, müssen Sie die Stunden, die der Dienstnehmer darüber hinaus gearbeitet hat, zusätzlich bezahlen.
Beachten Sie, dass bei All-in-Verträgen stets der Grundlohn bzw. das Grundgehalt für die Normalarbeitszeit ausgewiesen werden muss.

Welche Arbeitszeitaufzeichnungspflichten gibt es?

Beachten Sie, dass Ihnen als Dienstgeber Arbeitszeitaufzeichnungspflichten zukommen. Sie haben nämlich die Einhaltung der Höchstarbeitszeiten und der Mindestruhezeiten zu überwachen. Bei Nichteinhaltung der Arbeitszeitaufzeichnungspflichten können Geldstrafen gegen Sie verhängt werden.

Angesichts der Tatsache, dass die Aufzeichnungspflichten im Arbeitszeitgesetz geregelt sind, sind sie unter anderem auf freie Dienstnehmer nicht anwendbar. Darüber hinaus besteht für leitende Angestellte keine Aufzeichnungspflicht, da sie den Arbeitszeitgrenzen nicht unterliegen.

DO

Riskieren Sie keine Geldstrafen, sondern führen Sie vorschriftsmäßig die Arbeitszeitaufzeichnungen. Aufzeichnungen sind – unbeschadet besonderer Vorschriften – für alle vom Arbeitszeitgesetz erfassten Dienstnehmer zu führen.

Allgemeine Arbeitszeitaufzeichnungspflicht

Grundsätzlich gilt, dass der Dienstgeber die Arbeitszeiten seiner Dienstnehmer aufzeichnen muss. Er muss den Beginn (Uhrzeit) und das Ende (Uhrzeit) der Tagesarbeitszeit sowie der Ruhepausen (Mittagspausen) aufzeichnen. Diese Aufzeichnungen sind laufend, das heißt – wenn möglich – täglich zu führen.

Abweichend davon kann jedoch auch vereinbart werden, dass der Dienstnehmer die Aufzeichnungen selbst zu führen hat. Diese Vereinbarung kann entweder mittels Betriebsvereinbarung oder durch eine Einzelvereinbarung mit dem Dienstnehmer erfolgen. Sie als Dienstgeber müssen den Dienstnehmer zur ordentlichen Arbeitszeitaufzeichnung anleiten und diese auch regelmäßig kontrollieren.

Ausnahme der Aufzeichnungspflicht von Ruhepausen

Die Pflicht zur Aufzeichnung der Ruhepausen entfällt, wenn durch Betriebsvereinbarung bzw. in Betrieben ohne Betriebsrat durch schriftliche Einzelvereinbarung der Anfangs- und Endzeitpunkt der Ruhepausen festgelegt ist oder es dem Dienstnehmer freisteht, innerhalb eines festgelegten Zeitrahmens die – dem Ausmaß nach festgelegten – Ruhepausen zu konsumieren. Beachten Sie, dass einem Dienstnehmer nach sechs Stunden Arbeitszeit eine Ruhepause von 30 Minuten zusteht. Diese Pause ist verpflichtend einzuhalten.

Eingeschränkte Aufzeichnungspflicht bei fixer Arbeitszeiteinteilung

Bei Dienstnehmern mit einer schriftlich festgehaltenen fixen Arbeitszeiteinteilung, also mit genau festgelegter Anfangs- und Endarbeitszeit sowie genau festgelegter Dauer der Mittagspause, sind nur Abweichungen von dieser fixen Arbeitszeiteinteilung aufzuzeichnen. Das heißt, wenn ein Dienstnehmer an einem Tag später beginnt, früher aufhört oder wenn er eine längere Mittagspause macht, ist dies zu verzeichnen. Insofern besteht auch hier eine Aufzeichnungspflicht. Die Einhaltung der festgelegten Arbeitszeiten müssen Sie als Dienstgeber zumindest am Ende jeder Entgeltzahlungsperiode, also in der Regel am Monatsende, aber auch auf Verlangen des Arbeitsinspektorates, bestätigen.

BEISPIEL

Am Anfang des Dienstverhältnisses vereinbaren Sie mit Ihrem Dienstnehmer, dass dieser Montag bis Freitag von 9.00 Uhr bis 17.30 Uhr zu arbeiten hat. Den gesetzlich geforderten Aufzeichnungspflichten soll der Dienstnehmer nachkommen. Da das Kind des Dienstnehmers in den Kindergarten zu gehen beginnt und er es in der Eingewöhnungsphase begleitet, kommt er im September eine Woche lang erst um 11.00 Uhr in die Arbeit. Dafür arbeitet er täglich bis 19.30 Uhr.

Da fixe Arbeitszeiten festgelegt wurden, müssen keine laufenden Aufzeichnungen geführt werden. Da jedoch allfällige Änderungen der Arbeitszeit stets zu vermerken sind, müssen die im konkreten Fall vorliegenden Abweichungen im September aufgezeichnet werden. Ende September (wie jedes Monatsende) muss Ihnen Ihr Dienstnehmer seine Aufzeichnungen zur Kontrolle abgeben. Darin müssen – wie immer – alle Abweichungen von der fixen Arbeitszeit vermerkt sein.

Anspruch auf Übermittlung von Arbeitszeitaufzeichnungen

Über Aufforderung des Dienstnehmers müssen diesem die Arbeitszeitaufzeichnungen kostenlos übermittelt werden. Dieses Recht steht dem Dienstnehmer einmal im Monat zu. Sollten Sie diesem Anspruch des Dienstnehmers nicht nachkommen, wird die Verfallsfrist gehemmt. Siehe dazu sogleich im Abschnitt „Hemmung der Verfallsfristen".

Aufzeichnungen bei Arbeit von zuhause oder freier Arbeitszeiteinteilung durch den Dienstnehmer

Bei Dienstnehmern, die

- die Lage ihrer Arbeitszeit und ihren Arbeitsort weitgehend selbst bestimmen können oder
- ihre Tätigkeit überwiegend in ihrer Wohnung ausüben („Homeoffice"),

sind nur Aufzeichnungen über die Dauer der Tagesarbeitszeit zu führen. Sollte der Dienstnehmer sowohl zuhause als auch im Büro arbeiten, wird darauf abgestellt, wo die Arbeit überwiegend geleistet wird.

BEISPIEL

Montag, 16.10.2017: 9 Stunden, Dienstag, 17.10.2017: 8 Stunden, Mittwoch 18.10.2017: 8 Stunden etc.

Einsichtsrechte der Arbeitsinspektion

Als Dienstgeber haben Sie der Arbeitsinspektion die benötigten Auskünfte zu erteilen. Der Arbeitsinspektion kommen auch Einsichtsrechte in die Arbeitszeitaufzeichnungen zu.

Hemmung der Verfallsfristen

Zur Hemmung von Verfallsfristen kommt es nicht nur, wenn Sie der Aufforderung des Dienstnehmers nicht nachkommen, die Arbeitszeitaufzeichnungen zu übermitteln, sondern auch bei fehlerhaften oder gar nicht durchgeführten Aufzeichnungen, aufgrund derer die Feststellung der tatsächlich geleisteten Arbeitszeit unmöglich oder unzumutbar ist. Sind die Verfallsfristen gehemmt, bedeutet das, dass der Dienstnehmer seine arbeitszeitrechtlichen Ansprüche, wie zum Beispiel solche aufgrund von geleisteten Überstunden, zumindest bis zum Zeitpunkt, in dem Sie als Dienstgeber Ihrer Verpflichtung nachkommen, geltend machen kann.

Strafbestimmungen

Als Dienstgeber haben Sie laufend zu kontrollieren, ob die Aufzeichnungen vom Dienstnehmer ordnungsgemäß durchgeführt werden. Wurde den Arbeitszeitaufzeichnungspflichten mangelhaft oder gar nicht nachgekommen, können über Sie von der Bezirksverwaltungsbehörde Geldstrafen verhängt werden. Bei mangelhaft geführten Aufzeichnungen sind Geldstrafen in Höhe von 20 Euro bis 436 Euro und bei fehlenden Aufzeichnungen Geldstrafen in Höhe von 72 Euro bis 1.815 Euro, im Wiederholungsfall von 145 Euro bis 1.815 Euro, zu verhängen – dies sofern der Verstoß nach anderen Vorschriften nicht einer strengeren Strafe unterliegt. Beachten Sie, dass die genannten Geldstrafen pro Dienstnehmer, bei dem der Verstoß vorliegt, anfallen.

Was ist unter Teilzeitarbeit zu verstehen?

Womöglich benötigen Sie einen Mitarbeiter nur an manchen Tagen der Woche oder ein potenzieller Mitarbeiter möchte lediglich nebenbei, zum Beispiel neben seinem Studium, bei Ihnen arbeiten. In solchen Fällen ist es sinnvoll, Teilzeitarbeit zu vereinbaren.

Teilzeitarbeit liegt vor, wenn die mit einem Dienstnehmer vereinbarte Wochenarbeitszeit die gesetzliche oder eine durch Kollektivvertrag festgelegte kürzere Normalarbeitszeit im Durchschnitt unterschreitet.

Beachten Sie, dass das Ausmaß und die Lage der Normalarbeitszeit bei Teilzeitbeschäftigten vereinbart werden muss. Die Änderung des Ausmaßes der regelmäßigen Arbeitszeit – jedoch nicht die erstmalige Vereinbarung – bedarf der Schriftform.

Grundsätzlich dürfen teilzeitbeschäftigte Dienstnehmer wegen der Teilzeitarbeit gegenüber vollzeitbeschäftigten Dienstnehmern nicht benachteiligt werden. Eine Ausnahme besteht, wenn sachliche Gründe eine unterschiedliche Behandlung rechtfertigen. Die Gründe müssen einem wirklichen Bedürfnis des Unternehmens entsprechen und für die Erreichung dieses Ziels geeignet und erforderlich sei. Im Streitfall hat der Dienstgeber zu beweisen, dass eine Benachteiligung nicht wegen der Teilzeitarbeit erfolgt ist. Sachliche Gründe können sich zum Beispiel aus der Berufserfahrung des Dienstnehmers oder seiner Arbeitsleistung ergeben.

Informationspflicht gegenüber Teilzeitbeschäftigten

Beachten Sie, dass Sie als Dienstgeber teilzeitbeschäftigte Dienstnehmer über Ausschreibungen von im Betrieb frei werdenden Arbeitsplätzen, die zu einem höheren Arbeitszeitausmaß führen können, informieren müssen.

Dieser Informationspflicht kommen Sie auch nach, wenn Sie dies beispielsweise via Aushang an geeigneter Stelle im Betrieb (zum Beispiel am „Schwarzen Brett“), per E-Mail oder im Intranet bekannt machen.

Sollten Sie dieser Informationspflicht nicht nachkommen, riskieren Sie eine Geldstrafe in Höhe von 20 Euro bis 436 Euro.

DO

Informieren Sie Ihre Teilzeitbeschäftigten über bei Ihnen vorhandene freie Vollzeitstellen, da Sie ansonsten eine Geldstrafe riskieren.

Entlohnung des Dienstnehmers

Welche Möglichkeiten der Vergütungsgestaltung gibt es?

Ihnen steht eine Vielzahl an Möglichkeiten offen, wie Sie die Bezahlung Ihrer Mitarbeiter gestalten können. Sie können beispielsweise „nur“ ein Entgelt vereinbaren oder aber zusätzlich eine Überstundenpauschale oder einen All-in-Vertrag. Ferner können Sie zusätzlich zum Basisgehalt ein variables Entgelt vereinbaren. Die Gewährung von variablem Entgelt hängt für gewöhnlich von dem Erreichen unternehmerischer und/oder individueller Ziele durch den Dienstnehmer ab. Die Vereinbarung über das variable Entgelt können Sie entweder im Dienstvertrag oder separat, beispielsweise in einem „Sideletter“ oder einer Zusatzvereinbarung zum Dienstvertrag, regeln.

Was ist unter Entgelt zu verstehen?

Als Dienstgeber sind Sie verpflichtet, Ihrem Dienstnehmer für seine Arbeitsleistung ein Entgelt zu zahlen. Unter dem Begriff „Entgelt“ ist jede Art von Leistung zu verstehen, die Sie Ihrem Dienstnehmer für die Zurverfügungstellung seiner Arbeitskraft gewähren. Beachten Sie, dass der Begriff „Entgelt“ im Arbeitsrecht anders definiert wird als zum Beispiel im Sozialversicherungs- oder Steuerrecht.

DO

Informieren Sie sich unbedingt über die Lohnnebenkosten. Bedenken Sie bei den betrieblichen Kalkulationen, dass Sie als Dienstgeber nicht nur den Bruttolohn, den Sie mit Ihrem Mitarbeiter vereinbaren, sondern darüber hinaus auch die Lohnnebenkosten zahlen müssen.

Beachten Sie insbesondere im Hinblick auf das Sozial- und Lohndumping-Bekämpfungsgesetz, dass Sie als Dienstgeber Ihrem Dienstnehmer zumindest das nach Gesetz, Verordnung oder Kollektivvertrag gebührende Entgelt unter Beachtung der jeweiligen Einstufungskriterien, zahlen müssen. Demnach darf das Entgelt insbesondere nicht unter dem kollektivvertraglich festgelegten Mindestentgelt liegen.

Es steht Ihnen frei, mit einem Dienstnehmer eine überkollektivvertragliche Entlohnung zu vereinbaren. Die Vereinbarung eines Entgelts, das über dem kollektivvertraglichen Mindestentgelt liegt, ist durchaus üblich.

Was ist das Lohn- und Sozialdumping-Bekämpfungsgesetz (LSD-BG)?

Das Lohn- und Sozialdumping-Bekämpfungsgesetz (LSD-BG) ist mit 1.1.2017 in Kraft getreten. Angesichts der Tatsache, dass die von Ihnen abgeschlossenen Dienstverhältnisse wohl auf einem privatrechtlichen Vertrag beruhen, müssen Sie die Bestimmungen des LSD-BG einhalten. Insbesondere die Bestimmung hinsichtlich Unterentlohnung ist für Sie relevant, da Sie bei Verstoß eine Verwaltungsübertretung begehen und hohe Geldstrafen riskieren.

Als Dienstgeber müssen Sie Ihrem Dienstnehmer zumindest das nach Gesetz, Verordnung oder Kollektivvertrag gebührende Entgelt unter Beachtung der jeweiligen Einstufungskriterien zahlen. Ausgenommen sind lediglich die in § 49 Abs. 3 Allgemeines Sozialversicherungsgesetz (ASVG) angeführten Entgeltbestandteile – es handelt sich hierbei zum Beispiel um freiwillige soziale Zuwendungen oder Getränke, die Sie als Dienstgeber zum Verbrauch in Ihrem Start-up unentgeltlich oder verbilligt abgeben.

Was droht bei einem Verstoß gegen das Lohn- und Sozialdumping-Bekämpfungsgesetz?

Im Falle, dass Sie als Dienstgeber Ihren Dienstnehmern weniger als das nach Gesetz, Verordnung oder Kollektivvertrag gebührende Entgelt zahlen, begehen Sie eine Verwaltungsübertretung und sind von der Bezirksverwaltungsbehörde mit einer Geldstrafe zu belegen.

- Sind von der Unterentlohnung höchstens drei Dienstnehmer betroffen, beträgt die Geldstrafe pro Dienstnehmer 1.000 Euro bis 10.000 Euro, im Wiederholungsfall 2.000 Euro bis 20.000 Euro.
- Sind von der Unterentlohnung mehr als drei Dienstnehmer betroffen, beträgt die Geldstrafe pro Dienstnehmer 2.000 Euro bis 20.000 Euro, im Wiederholungsfall 4.000 Euro bis 50.000 Euro.

DO

Zahlen Sie als Dienstgeber Ihrem Dienstnehmer unbedingt zumindest das ihm nach Gesetz, Verordnung oder Kollektivvertrag gebührende Entgelt. Ansonsten riskieren Sie eine Geldstrafe und zwar pro Dienstnehmer, bei dem eine Unterentlohnung vorliegt.

Arbeitnehmerschutz

Viele Gründer von Start-ups sind Verfechter eines modernen Arbeitens. Aus diesem Grund sehen die bei Start-ups vorhandenen Arbeitsplätze häufig nicht wie „typische Büroarbeitsplätze“ aus. Nicht zuletzt aber auch aus finanziellen Aspekten sparen Gründer bei der Gestaltung der Arbeitsplätze und daher bei der Büroeinrichtung.

Selbst wenn Sie die Kosten gering halten möchten, sollten Sie jedoch nicht vergessen, dass es zahlreiche Arbeitnehmerschutzbestimmungen gibt, die Sie einhalten müssen.

Haben Sie bei der Einrichtung der Arbeitsplätze Ihrer Kreativität freien Lauf gelassen? Sitzen Ihre Mitarbeiter aus diesem Grund auf Holzkisten und haben aus Holzpaletten gebaute Schreibtische? Achtung: Die meisten Arbeitnehmerschutzbestimmungen regeln sehr präzise und detailliert, welche Arbeitsbedingungen ein Dienstgeber schaffen muss. Aus diesem Grund müssen Sie beispielsweise hinsichtlich der Arbeitssitze und der Arbeitstische Folgendes beachten:

Die Allgemeine Arbeitnehmerschutzverordnung (AAV) legt fest, dass Arbeitssitze den menschlichen Körpermaßen angepasst sein müssen. Sie müssen eine solche Form und Höhe aufweisen, dass sie eine ungezwungene Körperhaltung zulassen und die Beine vom Körpergewicht entlasten. Beim Sitzen müssen die Füße auf den Fußboden oder auf eine Fußstütze aufgestellt werden können. Die Sitzfläche muss genügend groß sein und aus glattem Material bestehen. Bezüge müssen luftdurchlässig sein. Die Tiefe der Sitzfläche hat etwa 0,35 m bis 0,45 m zu betragen. Die Vorderkante der Sitzfläche muss abgerundet oder gepolstert sein, ohne dass dadurch die Tiefe der Sitzfläche verringert wird. Arbeitssitze müssen eine Rückenlehne haben, die so geformt ist, dass sie die Lendenwirbelsäule stützt, erforderlichenfalls müssen auch Fuß- und Armstützen vorhanden sein. Sitzfläche und Rückenlehne müssen falls es nötig ist, verstellbar sein.

Mit dem Fußboden nicht fest verbundene Sitze müssen bei ordnungsgemäßem Gebrauch kippsicher, Sitze mit Rollen überdies gegen unbeabsichtigtes Wegrollen gesichert sein.

Arbeitssitze müssen so aufgestellt oder angeordnet sein, dass den Arbeitsvorgängen und Arbeitsverfahren entsprechend Betriebseinrichtungen und

Betriebsmittel leicht zu bedienen sind und mit Arbeitsstoffen leicht umgegangen werden kann sowie die Arbeitsplätze im Gefahrenfall möglichst unbehindert verlassen werden können.

Arbeitstische und Werkbänke müssen eine nach Art der durchzuführenden Arbeit entsprechende Höhe, Form und Oberfläche aufweisen und nötigenfalls verstellbar sein. Bei Arbeiten mit giftigen, ätzenden, infektiösen oder leicht zersetzlichen Arbeitsstoffen muss die Oberfläche glatt, dicht und leicht zu reinigen sein.

DO

Informieren Sie Sich über die bestehenden Arbeitnehmerschutzbestimmungen und halten Sie diese ein. Diesbezügliche Informationen werden zum Beispiel von der Arbeitsinspektion unter http://www.arbeitsinspektion.gv.at/inspektorat/Uebergreifende_Themen/ArbeitnehmerInnenschutz_Allgemeines/ zur Verfügung gestellt.

Erfindungen eines Dienstnehmers

Sie haben laufend Ideen und Visionen, jedoch fehlt Ihnen die Zeit bzw. die fachliche Kenntnis, um diese zu realisieren? Sie haben aus diesem Grund nun einen Mitarbeiter aufgenommen, der diese Ideen weiterentwickeln soll? Was geschieht jedoch, wenn der Dienstnehmer basierend auf Ihrer Idee etwas erfindet? Wem gehören Erfindungen des Dienstnehmers, die er aufgrund eigener Ideen macht? Wann liegt eine Diensterfindung überhaupt vor? Welchen Wert hat die Erfindung und wie ist sie zu vergüten?

Besonders in der innovativen Start-up-Szene ist diese Thematik von enormer Bedeutung. Denn es könnte für Ihr Start-up fatale Folgen haben, wenn Sie sich das Recht auf eine Diensterfindung Ihres Dienstnehmers nicht sichern. Nicht zuletzt vermeiden Sie mit von Anfang klar festgelegten Regeln, die fair gestaltet sind, auch etwaige Streitigkeiten und motivieren gleichzeitig Ihre Mitarbeiter zu kreativem und innovativem Denken. Damit Sie sich die Rechte an einer Erfindung Ihres Dienstnehmers sichern können, müssen Sie jedoch zunächst wissen, wann eine Erfindung eine Diensterfindung ist.

Was ist eine Diensterfindung?

Das Patentgesetz definiert zwar, was unter einer Diensterfindung zu verstehen ist, dennoch gestaltet sich die Beurteilung, ob eine Diensterfindung vorliegt oder nicht, in der Praxis oft schwierig.

CHECKLISTE

Laut Gesetz ist eine Diensterfindung

➜ die Erfindung eines Dienstnehmers,

➜ wenn sie ihrem Gegenstand nach in das Arbeitsgebiet des Unternehmens, in dem der Dienstnehmer tätig ist, fällt und
wenn
- die Tätigkeit, die zu der Erfindung geführt hat, zu den dienstlichen Obliegenheiten des Dienstnehmers gehört oder
- der Dienstnehmer die Anregung zu der Erfindung durch seine Tätigkeit in dem Unternehmen erhalten hat oder

- das Zustandekommen der Erfindung durch die Benützung der Erfahrungen oder der Hilfsmittel des Unternehmers wesentlich erleichtert worden ist.

Welche Arten von Diensterfindungen gibt es?

Somit kann man zwischen

- einer Obliegenheitserfindung (wenn die Tätigkeit, die zu der Erfindung geführt hat, zu den dienstlichen Pflichten des Dienstnehmers gehört),
- einer Anregungserfindung (wenn der Dienstnehmer den Anstoß zu der Erfindung durch seine Tätigkeit in dem Unternehmen erhalten hat) und
- einer Erfahrungs- oder Hilfsmittelerfindung (wenn das Zustandekommen der Erfindung durch Nutzung von Know-how oder Betriebsmittel wesentlich erleichtert worden ist)

unterscheiden.

Auf welche Erfindungen ist das Patentgesetz anwendbar?

Erfindungen im Sinne des Patentgesetzes sind nur patentfähige Erfindungen. Aber auch wenn die Bestimmungen des Patentgesetzes grundsätzlich auf patentfähige Erfindungen eines Dienstnehmers anzuwenden sind, sind sie dennoch sinngemäß auch auf ähnliche Immaterialgüterrechte, wie beispielsweise Gebrauchsmuster oder Sortenschutz, anwendbar.

Auf welche Dienstnehmer ist das Patentgesetz anwendbar?

Die im Patentgesetz enthaltenen Bestimmungen hinsichtlich Diensterfindungen sind generell auf Dienstnehmer anzuwenden, wobei darunter sämtliche Angestellte und Arbeiter zu verstehen sind.

Keine Anwendung finden diese Regelungen auf

- freie Dienstnehmer, da die Rechtsprechung klargestellt hat, dass diese keine Dienstnehmer im Sinne des Patentgesetzes sind, und
- Geschäftsführer, die wesentlich an der Gesellschaft beteiligt sind oder deshalb keine „echten“ Dienstnehmer sind, weil sie eine Sperrminorität, ein Vetorecht oder Abtretungsverbote haben. Sollte mit einem Geschäftsführer vereinbart worden sein, dass er „Diensterfindungen“ an Sie als

Dienstgeber überlassen wird, hat er nur einen Vergütungsanspruch, wenn dies ebenfalls vereinbart wurde.

Angestellte GmbH-Geschäftsführer, die „echte" Dienstnehmer sind, sind hingegen Dienstnehmer im Sinne des Patentgesetzes. Auf sie sind daher die Regelungen über die Diensterfindungen anwendbar.

Wem gehört eine Diensterfindung?

Grundsätzlich gehören die Erfindungen eines Dienstnehmers diesem. Ihnen steht es als Dienstgeber jedoch frei, mit Ihrem Mitarbeiter eine Vereinbarung zu treffen, dass seine Diensterfindungen Ihnen gehören oder Ihnen an diesen ein Benutzungsrecht eingeräumt wird. Beachten Sie, dass eine solche Vereinbarung nur dann rechtliche Wirkung hat, wenn es sich bei der Erfindung tatsächlich um eine Diensterfindung handelt. Die Vereinbarung bedarf darüber hinaus zu ihrer Gültigkeit der Schriftform.

DO

Schließen Sie mit Ihrem Dienstnehmer eine schriftliche Vereinbarung hinsichtlich der Diensterfindungen ab. Vereinbarungen über Diensterfindungen, die nicht schriftlich abgeschlossen werden, sind ungültig.

MUSTER: DIENSTERFINDUNG

Ein Muster für eine Vereinbarung hinsichtlich einer Diensterfindung finden Sie kostenlos unter http://oliviaeliasz.northcote.at.

BEISPIEL

Sie möchten die Gewinne Ihrer Barfuß GmbH steigern und eine neue, noch bessere Schuhlinie starten. Deswegen stellen Sie eine Entwicklerin ein. Sie

vereinbaren mit ihr, dass Ihnen sowohl ihre Diensterfindungen gehören als auch das Benützungsrecht daran zukommt. Dies halten Sie im Dienstvertrag auch ausdrücklich fest.
Während des aufrechten Dienstverhältnisses erfindet die Entwicklerin in ihrer Freizeit eine Kommunikationssoftware. Diese Software basiert auf der Erfahrung ihrer Mitarbeiterin mit ihrem sehbehinderten Bruder. Angesichts der Tatsache, dass die Dienstnehmerin

- ➔ die Software in ihrer Freizeit,
- ➔ basierend auf ihrer eigenen Idee entwickelt und
- ➔ diese Erfindung nicht in das Arbeitsgebiet Ihres Start-ups fällt,

handelt es sich folglich um keine Diensterfindung. Sie können auf diese somit keinen Anspruch erheben.

Manche Kollektivverträge enthalten Regelungen hinsichtlich Diensterfindungen. Der Abschluss einer schriftlichen Vereinbarung ist dennoch zu empfehlen. Beachten Sie, dass Dienstnehmer einen Anspruch auf die Erteilung des Patents für Diensterfindungen haben, sofern nicht durch Vertrag etwas anderes vereinbart ist.

DON'T

Verwechseln Sie Erfindungen, die Ihr Dienstnehmer während des aufrechten Dienstverhältnisses macht, die jedoch nicht im Zusammenhang mit dem Dienstverhältnis stehen, nicht mit Diensterfindungen. Bei solchen Erfindungen, die der Dienstnehmer ohne Zusammenhang mit dem Dienstverhältnis in der Freizeit macht, handelt es sich um keine Diensterfindung.

Welche Pflicht hat der Dienstnehmer bei einer Diensterfindung?

Haben Sie mit Ihrem Dienstnehmer eine schriftliche Vereinbarung abgeschlossen oder besteht bereits eine kollektivvertragliche Regelung, dass Ihnen als Dienstgeber die künftigen Diensterfindungen gehören, muss der Dienstnehmer Ihnen jede Diensterfindung, die er macht, unverzüglich mitteilen (Mitteilungspflicht). Sollte Ihnen der Dienstnehmer die Diensterfindung verspätet oder gar nicht melden, haben Sie in gewissen Fällen Schadenersatzansprüche gegen ihn. Dies ist insbesondere dann der Fall, wenn durch die verspätete Meldung die Möglichkeit verhindert wird, die Erfindung schnell wirtschaftlich zu verwerten.

Welche Pflicht hat der Dienstgeber bei einer Diensterfindung?

Beachten Sie, dass nicht nur der Dienstnehmer Ihnen gegenüber Pflichten hat, sondern auch Sie als Dienstgeber gegenüber Ihrem Dienstnehmer.

Sie müssen dem Dienstnehmer innerhalb von vier Monaten nach dem Tag, an dem Sie seine Mitteilung hinsichtlich der Diensterfindung erhalten haben, Bescheid geben, ob Sie die Erfindung als Diensterfindung für sich in Anspruch nehmen (Äußerungspflicht). Beachten Sie, dass es einige Kollektivverträge gibt, die eine kürzere Frist als diese gesetzliche von vier Monaten enthalten. In diesen Fällen ist die kürzere Frist von Ihnen einzuhalten, da sie für den Dienstnehmer günstiger ist. Sollten Sie die Erfindung Ihres Dienstnehmers annehmen, steht Ihnen das Recht zu, ein Patent zu beantragen.

DO

Sehen Sie in dem auf Ihr Start-up anwendbaren Kollektivvertrag nach, ob eine Frist vorgesehen ist, innerhalb der Sie sich zu einer durch Ihren Mitarbeiter mitgeteilten Diensterfindung äußern müssen. Sollte eine kürzere Frist als die gesetzliche (vier Monate) festgelegt sein, geht diese vor und ist somit von Ihnen einzuhalten.

Wie ist eine Diensterfindung zu vergüten?

Es gibt folgende Möglichkeiten, eine Diensterfindung zu vergüten:

- Festsetzung einer angemessenen Vergütung
- Festlegung eines Pauschalbetrages
- Vereinbarung einer Berechnungsmethode

Angemessene besondere Vergütung

Laut § 8 Patentgesetz gebührt einem Dienstnehmer für die Überlassung einer von ihm gemachten Erfindung an den Dienstgeber sowie für die Einräumung eines Benützungsrechtes hinsichtlich einer solchen Erfindung eine angemessene besondere Vergütung. Unter einer solchen „angemessenen besonderen Vergütung" ist eine gesonderte Zahlung mit besonderer Zweckwidmung zu verstehen. Eine „normale" Gehaltserhöhung ohne besondere Zweckwidmung ist somit keine Vergütung der Erfindertätigkeit.

Das Gesetz sieht jedoch eine Ausnahme für Dienstnehmer vor, die

- ausdrücklich zur Erfindertätigkeit eingestellt,
- damit auch tatsächlich vorwiegend beschäftigt sind und
- wenn die ihnen obliegende Tätigkeit zu der Erfindung geführt hat.

Solchen Dienstnehmern gebührt eine besondere Vergütung nur insoweit, als sie nicht bereits mit einem im Hinblick auf die Erfindertätigkeit höheren Entgelt abgegolten ist.

Sofern diese Ausnahme nicht vorliegt, ist bei der Bemessung der Vergütung gemäß § 9 Patentgesetz vorzugehen. Dort ist festlegt, dass eine Einzelfallbeurteilung zu erfolgen hat und auf bestimmte Faktoren Bedacht zu nehmen ist.

DO

Sollten Sie einen Mitarbeiter als Erfinder eingestellt haben und besteht seine Hauptaufgabe somit darin, Erfindungen zu machen, sollten Sie dies schriftlich in einer Vereinbarung festhalten und sich die Rechte an sämtlichen Diensterfindungen mittels explizitem Vertrag sichern. Bei der Formulierung sollten Sie idealerweise allgemein bleiben und sich nicht auf konkrete Erfindungen einschränken, da es durchaus vorkommen kann, dass ein Dienstnehmer, der an einer bestimmten Erfindung arbeitet, zufällig eine andere Erfindung macht.

CHECKLISTE

Bei der Bemessung der Vergütung ist nach den Umständen des Falles insbesondere Bedacht zu nehmen auf:

- die wirtschaftliche Bedeutung der Erfindung für das Unternehmen,
- eine sonst etwa erfolgte Verwertung der Erfindung im In- oder Ausland,
- den Anteil, die Anregungen, Erfahrungen, Vorarbeiten oder Hilfsmittel des Dienstgebers oder dienstliche Weisungen, die zu der Erfindung beigetragen haben.

Pauschalbetrag

Es steht Ihnen frei, mit Ihrem Mitarbeiter einen Pauschalbetrag zu vereinbaren. Beachten Sie hierbei jedoch, dass solch eine Vereinbarung erst nach Inanspruchnahme einer Diensterfindung möglich ist. Nicht zulässig ist eine Vereinbarung zum Beispiel im Dienstvertrag.

Vereinbarung einer Berechnungsmethode

Man unterscheidet zwischen mehreren Berechnungsmethoden:

- Lizenzanalogie
- Innerbetrieblicher Nutzen
- Schätzung

Auch wenn Sie mit Ihrem Dienstnehmer eine konkrete Berechnungsmethode vereinbart haben, kann es dennoch sein, dass Sie oder der Dienstnehmer das daraus resultierende Ergebnis bestreiten. Sollte keine außergerichtliche Einigung zwischen Ihnen gelingen, können Sie bzw. der Dienstnehmer eine Klage bei Gericht einbringen. Das Gericht stellt sodann fest, ob eine Vergütung gebührt. In der Folge ist eine angemessene besondere Vergütung im Sinne des § 8 Patentgesetz zu ermitteln (siehe dazu weiter oben, Abschnitt „Angemessene Vergütung"). Beachten Sie, dass diese angemessene besondere Vergütung einer etwaig vereinbarten Berechnungsmethode vorgeht, wenn sie für den Dienstnehmer zu einem günstigeren Ergebnis führt.

Was sollte eine schriftliche Vereinbarung betreffend Diensterfindung regeln?

CHECKLISTE

Folgende Punkte sollte eine Vereinbarung hinsichtlich Diensterfindungen enthalten:

- ➔ der Dienstgeber darf über die Diensterfindungen verfügen,
- ➔ der Dienstnehmer muss dem Dienstgeber Erfindungen melden,
- ➔ der Dienstgeber muss sich äußern, ob er die Erfindung für sich in Anspruch nimmt oder nicht, und
- ➔ wie die Diensterfindung vergütet wird.

Betriebs- und Geschäftsgeheimnisse

Start-ups haben beeindruckende, innovative und einzigartige Ideen und müssen ihren Mitbewerbern stets einen Schritt voraus sein. Es muss schnell, kreativ und dynamisch vorgegangen werden, denn jeder Wissensvorsprung zählt. Aus diesem Grund ist besonders bei Start-ups der Schutz von Betriebs- und Geschäftsgeheimnissen von enormer Wichtigkeit. Ein Abfluss von Knowhow könnte fatale Folgen haben.

Die Judikatur definiert Betriebs- bzw. Geschäftsgeheimnisse als Tatsachen und Erkenntnisse kommerzieller oder technischer Art, die nur einer bestimmten und begrenzten Anzahl von Personen bekannt sind, nicht über diesen Personenkreis hinausdringen sollen und an deren Geheimhaltung ein wirtschaftliches Interesse besteht.

DO

Schließen Sie mit Ihren Mitarbeitern im Dienstvertrag oder in einer separaten Vereinbarung entsprechende Geheimhaltungsverpflichtungen ab, um Ihre Betriebs- und Geschäftsgeheimnisse zu sichern.

MUSTER: GEHEIMHALTUNGSVEREINBARUNG

Ein kostenloses Muster einer Geheimhaltungsvereinbarung finden Sie unter http://oliviaeliasz.northcote.at/.

Beachten Sie, dass auch spezielle Geheimhaltungsklauseln für die Zeit nach Beendigung des Vertrags- bzw. Dienstverhältnisses möglich sind.

Magische Grenze - Fünf Dienstnehmer

Ihr Start-up entwickelt sich gut, sodass Sie zusätzliche Mitarbeiter einstellen müssen. Da Ihr Team schnell wächst, haben Sie schon bald fünf oder mehr Dienstnehmer. Dies kann aus arbeitsrechtlicher Sicht Änderungen mit sich bringen, die nun beschrieben werden.

Was ist ein Betriebsrat?

Der Betriebsrat ist ein gesetzliches Organ der Belegschaft. In jedem Betrieb, in dem dauernd mindestens fünf stimmberechtigte Dienstnehmer beschäftigt sind, sind von der Arbeitnehmerschaft Organe, insbesondere ein Betriebsrat, zu bilden. Der Begriff „dauernd“ bezieht sich nicht auf die einzelnen Dienstnehmer, sondern auf die Zahl fünf. Die Belegschaftszahl von mindestens fünf stimmberechtigten Dienstnehmern muss während des überwiegenden Teils des Jahres gegeben sein. Sollte die Zahl der Dienstnehmer auf unter fünf absinken, ist das für das Bestehen eines Betriebsrates jedoch ohne Bedeutung. Stimmberechtigt sind Dienstnehmer, die das 18. Lebensjahr vollendet haben und am Tag der Betriebsversammlung im Betrieb beschäftigt sind, und zwar unabhängig von ihrer Staatsbürgerschaft.

Den Organen der Arbeitnehmerschaft kommt die Aufgabe zu, die wirtschaftlichen, sozialen, gesundheitlichen und kulturellen Interessen der Dienstnehmer im Betrieb wahrzunehmen und zu fördern.

Zwar besteht eine gesetzliche Pflicht zur Bildung der Organe, jedoch keine Rechtsfolgen, wie beispielsweise Strafen, wenn dies unterbleibt. Aus diesem Grund hat nicht jeder betriebsratspflichtige Betrieb einen Betriebsrat. Sie als Betriebsinhaber sind auch nicht verpflichtet, sich um die Errichtung eines Betriebsrats zu kümmern. Es liegt bei den Dienstnehmern, ob sie einen Betriebsrat errichten oder nicht.

Wie viele Mitglieder muss ein Betriebsrat haben?

Der Betriebsrat besteht aus mindestens einem Mitglied, wobei die Anzahl der Mitglieder von der Anzahl der Dienstnehmer abhängt.

Der Betriebsrat besteht in Betrieben

- mit fünf bis neun Dienstnehmern aus einer Person,
- mit zehn bis 19 Dienstnehmern aus zwei Mitgliedern,

- mit 20 bis 50 Dienstnehmern aus drei Mitgliedern,
- mit 51 bis 100 Dienstnehmern aus vier Mitgliedern.

In Betrieben mit

- mehr als 100 Dienstnehmern erhöht sich für je weitere 100 Dienstnehmer,
- mehr als 1.000 Dienstnehmern für je weitere 400 Dienstnehmer,

die Zahl der Mitglieder des Betriebsrates um ein Mitglied.

Die Funktionsdauer des Betriebsrates beträgt vier Jahre.

BEISPIEL

In Ihrem Start-up sind sieben Dienstnehmer beschäftigt. Ein Betriebsrat ist daher zu errichten. Sollten Ihre Dienstnehmer jedoch keinen Betriebsrat errichten, zieht das keine negativen rechtlichen Folgen, wie beispielsweise Strafen, für Sie nach sich.

Entschließen sich Ihre Dienstnehmer, dass sie einen Betriebsrat errichten möchten, hat der Betriebsrat aus einer Person zu bestehen.

Sind in Ihrem Start-up hingegen 23 Dienstnehmer beschäftigt, hat der Betriebsrat aus drei Mitgliedern zu bestehen.

Das Gesetz sieht vor, dass für den Fall, dass in einem Unternehmen fünf oder mehr stimmberechtigte Arbeiter und ebenfalls fünf oder mehr stimmberechtigte Angestellte beschäftigt sind, jeweils gesonderte Betriebsräte zu errichten sind. Die Dienstnehmer sind jedoch dazu nicht gezwungen und können auch nur einen gemeinsamen Betriebsrat errichten.

Was sind Betriebsvereinbarungen?

Betriebsvereinbarungen sind laut Gesetz schriftliche Vereinbarungen, die zwischen dem Betriebsinhaber und dem Betriebsrat (Betriebsausschuss, Zentralbetriebsrat, Konzernvertretung) in Angelegenheiten abgeschlossen werden, deren Regelung durch Gesetz oder Kollektivvertrag der Betriebsvereinbarung vorbehalten ist. Welche Materien der Regelung durch Betriebsvereinbarung vorbehalten sind, erfahren Sie im Folgenden.

Beachten Sie, dass Betriebsvereinbarungen von Ihnen als Betriebsinhaber oder vom Betriebsrat im Betrieb aufzulegen oder an sichtbarer, für alle Dienstnehmer zugänglicher Stelle anzuschlagen sind. So können Sie diese beispielsweise im Intranet zugänglich machen. Sollten Sie die Betriebsvereinbarung in Ihrem Betrieb auflegen wollen, müssen Sie auf den Ort der Auflegung sowie die Zeitdauer der möglichen Einsichtnahme dieser durch Anschlag an einer sichtbaren, für alle Dienstnehmer zugänglichen Stelle hinweisen.

DO

Beachten Sie die Aushangpflicht. Sie müssen die Betriebsvereinbarung im Betrieb auflegen oder an einer sichtbaren, für alle Dienstnehmer zugänglichen Stelle anschlagen, zum Beispiel am „Schwarzen Brett".

Wann wird eine Betriebsvereinbarung wirksam?

Sollte die Betriebsvereinbarung keine Bestimmung über ihren Wirksamkeitsbeginn enthalten, tritt ihre Wirkung mit dem auf den Tag der Unterzeichnung folgenden Tag ein. Nach Wirksamwerden der Betriebsvereinbarung muss der Betriebsinhaber den für den Betrieb zuständigen gesetzlichen Interessenvertretungen der Dienstgeber und der Dienstnehmer je eine Ausfertigung der Betriebsvereinbarung übermitteln.

Die Bestimmungen der Betriebsvereinbarung sind innerhalb ihres Geltungsbereiches grundsätzlich unmittelbar rechtsverbindlich. Ausgenommen sind jedoch Bestimmungen, die die Rechtsbeziehungen zwischen den Vertragsparteien regeln.

Welche Arten von Betriebsvereinbarung gibt es?

Es gibt mehrere Arten von Betriebsvereinbarungen, und zwar:

- Notwendige Betriebsvereinbarung
  Angelegenheiten, die „notwendig" durch Betriebsvereinbarung zu vereinbaren sind, können nicht rechtswirksam durch eine untergeordne-

te Rechtsquelle vereinbart werden. Sollte trotzdem eine Vereinbarung anstatt durch Betriebsvereinbarung in einem Dienstvertrag oder durch Weisung erfolgen, ist dies unzulässig und rechtsunwirksam. Materien, die beispielsweise durch Betriebsvereinbarung geregelt werden müssen, sind:

– die Einführung
  - einer betrieblichen Disziplinarordnung und
  - qualifizierter Personalfragebögen.

➜ Notwendige Betriebsvereinbarung mit Zwangsschlichtung

Angelegenheiten, die durch eine derartige Betriebsvereinbarung geregelt werden müssen, können nicht durch nachgeordnete Rechtsquellen festgelegt werden. Eine Regelung durch Dienstvertrag oder Weisung ist somit nicht möglich. Sollte trotzdem eine derartige Regelung erfolgen, ist diese rechtsunwirksam. Die Zustimmung des Betriebsrates kann jedoch durch Entscheidung der Schlichtungsstelle ersetzt werden. Diese Entscheidung gilt sodann als Betriebsvereinbarung. Eine Materie, die beispielsweise durch eine notwendige Betriebsvereinbarung mit Zwangsschlichtung geregelt werden muss, ist:

– die Einführung von Systemen zur Beurteilung von Dienstnehmern, sofern mit diesen Systemen Daten erhoben werden, die nicht durch die betriebliche Verwendung gerechtfertigt sind.

➜ Erzwingbare Betriebsvereinbarung

Angelegenheiten, die durch eine derartige Betriebsvereinbarung geregelt werden sollen, dürfen durch nachgeordnete Rechtsquellen, wie beispielsweise einen Dienstvertrag, festgelegt werden. Eine Regelung durch nachgeordnete Rechtsquellen ist somit nicht ausgeschlossen. Sollte eine Einigung zwischen dem Betriebsinhaber und dem Betriebsrat über den Abschluss, die Änderung oder die Aufhebung einer erzwingbaren Betriebsvereinbarung nicht zustandekommen, entscheidet auf Antrag eines der Streitteile die Schlichtungsstelle. Insofern ist diese Betriebsvereinbarung erzwingbar. Sollte jedoch eine Regelung durch Satzung oder Kollektivvertrag vorliegen, geht die Erzwingbarkeit verloren.

Zum Beispiel sieht das Gesetz die erzwingbare Betriebsvereinbarung für folgende Angelegenheiten vor:

- allgemeine Ordnungsvorschriften, die das Verhalten der Dienstnehmer im Betrieb regeln,
- Auswahl der Betrieblichen Vorsorgekasse (BV-Kasse),
- generelle Festsetzung des Beginns und Endes der täglichen Arbeitszeit, der Dauer und Lage der Arbeitspausen und der Verteilung der Arbeitszeit auf die einzelnen Wochentage.

➔ Fakultative Betriebsvereinbarung
Die fakultative Betriebsvereinbarung kann durch nachgeordnete Rechtsquellen ersetzt werden. Sie kann hingegen nicht erzwungen werden. Hierunter fallen zum Beispiel

- die Regelungen von Maßnahmen zur menschengerechten Arbeitsgestaltung,
- die Anordnung der vorübergehenden Verkürzung oder Verlängerung der Arbeitszeit sowie
- die Gewährung von Zuwendungen aus besonderen betrieblichen Anlässen.

➔ Unechte Betriebsvereinbarung
Von den genannten „echten" Betriebsvereinbarungen sind die „unechten", auch „freie" Betriebsvereinbarungen genannt, zu unterscheiden, die weder durch Gesetz noch durch einen Kollektivvertrag gedeckt sind. Solche Betriebsvereinbarungen werden in der Praxis immer wieder abgeschlossen. Sie sind nach dem Arbeitsverfassungsgesetz (ArbVG) zwar rechtsunwirksam, können jedoch hinsichtlich einzelner Dienstverhältnisse Rechtswirkungen entfalten, wenn es aufgrund dieser Betriebsvereinbarung zur regelmäßigen Übung kommt. Es entsteht ein gewohnheitsrechtlicher Anspruch der jeweiligen Dienstnehmer.

Kapitel 3

Die Up- and Downsides, Dienstgeber zu sein

Es gibt nichts Schöneres, als der Chef zu sein? Diese Aussage trifft leider nicht immer zu. Nicht nur, dass Sie als Dienstgeber für Ihre Mitarbeiter verantwortlich sind, Sie sind auch an etliche arbeitsrechtliche Bestimmungen gebunden. Sie müssen daher nicht nur auf der persönlichen Ebene angemessen (re-)agieren, sondern Ihre Mitarbeiter auch rechtlich korrekt behandeln. Was Sie bei dieser herausfordernden Tätigkeit zu beachten haben und wie Sie sich bei Ihren wertvollen Mitarbeitern erkenntlich zeigen und sie an Ihr Unternehmen binden können, erfahren Sie in diesem Kapitel.

Dienstverhinderung und Krankenstand

Menschen sind bekanntlich keine Maschinen. Ausfälle aufgrund von Krankheit, Unfall oder sonstigen Gründen kommen immer wieder vor. Doch wie gehen Sie als Dienstgeber richtig vor? Welche Rechte stehen Ihnen in solchen Fällen zu? Was können Sie von Ihrem Dienstnehmer in einer derartigen Situation erwarten?

Über eine Arbeitsverhinderung hat Sie Ihr Dienstnehmer unverzüglich zu informieren. Sie als Dienstgeber können von Ihrem Dienstnehmer eine Bestätigung der zuständigen Krankenkasse oder eines Amts- oder Gemeindearztes über Ursache und Dauer der Arbeitsunfähigkeit verlangen. Nach angemessener Zeit können Sie erneut eine Bestätigung verlangen. Sollte der Dienstnehmer diesen Verpflichtungen nicht nachkommen, verliert er für die Dauer der Säumnis den Anspruch auf das Entgelt.

Ab wann muss ein Dienstnehmer eine Krankenstandsbestätigung vorlegen?

Als Dienstgeber können Sie frei entscheiden, ab welchem Tag Ihr Mitarbeiter Ihnen eine „Krankenstandsbestätigung" vorlegen muss. Sie können somit auch vereinbaren, dass Ihnen Ihr Dienstnehmer bereits für einen eintägigen Krankenstand eine Arztbestätigung vorzuweisen hat. Diese Bestätigung muss den Beginn, die voraussichtliche Dauer sowie die Ursache der Arbeitsverhinderung enthalten. Unter „Ursache" für die Arbeitsunfähigkeit ist jedoch nicht die genaue Diagnose gemeint, sondern, ob der Dienstnehmer wegen einer Krankheit oder aufgrund eines Unfalls arbeitsunfähig ist.

Wann hat der Dienstnehmer Anspruch auf Entgeltfortzahlung?

Dienstnehmer haben unter gewissen Umständen Anspruch auf Entgeltfortzahlung bei Dienstverhinderung. Das bedeutet, dass sie ihr Entgelt bezahlt bekommen, obwohl sie nicht arbeiten. Ein Dienstnehmer, der nach Antritt des Dienstverhältnisses durch Krankheit oder Unglücksfall an der Leistung seiner Arbeit gehindert ist, ohne dass er die Verhinderung vorsätzlich oder durch grobe Fahrlässigkeit herbeigeführt hat, behält für eine bestimmte Dauer seinen Anspruch auf das Entgelt. Aber auch bei einem Arbeitsunfall oder einer Berufskrankheit im Sinne der Vorschriften über die gesetzliche Unfallversicherung hat er für eine bestimmte Dauer einen Entgeltfortzahlungsanspruch. Die Anspruchsdauer erhöht sich abhängig von der Dauer des Dienstverhältnisses, wobei nach einer gewissen Zeit der Inanspruchnahme der Fortzahlung auch lediglich das halbe Entgelt zustehen kann.

Angesichts der Tatsache, dass Angestellte und Arbeiter unterschiedlich lange Anspruch auf Entgeltfortzahlung haben, muss zwischen diesen unterschieden werden.

CHECKLISTE

Angestellte verfügen über folgende Ansprüche auf Entgeltfortzahlung:

- ➔ Dauer des Dienstverhältnisses bis fünf Jahre:
  - Anspruch auf volles Entgelt: sechs Wochen,
  - danach Anspruch auf halbes Entgelt: vier Wochen
- ➔ Dauer des Dienstverhältnisses bis fünf Jahre bei Arbeitsunfall bzw. Berufskrankheit
  - Anspruch auf volles Entgelt: acht Wochen
  - danach Anspruch auf halbes Entgelt: vier Wochen
- ➔ Dauer des Dienstverhältnisses über fünf Jahre
  - Anspruch auf volles Entgelt: acht Wochen
  - danach Anspruch auf halbes Entgelt: vier Wochen
- ➔ Dauer des Dienstverhältnisses über 15 Jahre
  - Anspruch auf volles Entgelt: zehn Wochen
  - danach Anspruch auf halbes Entgelt: vier Wochen
- ➔ Dauer des Dienstverhältnisses über 25 Jahre
  - Anspruch auf volles Entgelt: zwölf Wochen
  - danach Anspruch auf halbes Entgelt: vier Wochen

Besondere Bestimmungen bestehen für weibliche Angestellte. Sie behalten den Anspruch auf das Entgelt während sechs Wochen nach der Geburt ihres Kindes. Gegen Vorweisung eines ärztlichen Zeugnisses, dass die Entbindung voraussichtlich innerhalb sechs Wochen stattfinden wird, können weibliche Angestellte die Arbeit sodann einstellen.

CHECKLISTE

Arbeiter haben folgende Ansprüche auf Entgeltfortzahlung:

- ➜ Dauer des Dienstverhältnisses bis fünf Jahre
  - Anspruch bei Krankheit bzw. Unglücksfall pro Arbeitsjahr/Kalenderjahr
    - sechs Wochen – danach vier Wochen halbes Entgelt
  - Arbeitsunfall bzw. Berufskrankheit pro Anlassfall
    - acht Wochen
- ➜ Dauer des Dienstverhältnisses über fünf Jahre
  - Anspruch bei Krankheit bzw. Unglücksfall pro Arbeitsjahr/Kalenderjahr
    - acht Wochen – danach vier Wochen halbes Entgelt
  - Arbeitsunfall bzw. Berufskrankheit pro Anlassfall
    - acht Wochen
- ➜ Dauer des Dienstverhältnisses über 15 Jahre
  - Anspruch bei Krankheit bzw. Unglücksfall pro Arbeitsjahr/Kalenderjahr
    - zehn Wochen – danach vier Wochen halbes Entgelt
  - Arbeitsunfall bzw. Berufskrankheit pro Anlassfall
    - zehn Wochen
- ➜ Dauer des Dienstverhältnisses über 25 Jahre
  - Anspruch bei Krankheit bzw. Unglücksfall pro Arbeitsjahr/Kalenderjahr
    - zwölf Wochen – danach vier Wochen halbes Entgelt
  - Arbeitsunfall bzw. Berufskrankheit pro Anlassfall
    - zehn Wochen

DO

Informieren Sie sich über den Entgeltfortzahlungsfonds bei der Allgemeinen Unfallversicherungsanstalt (AUVA). Bei Unternehmen mit weniger als 51 Dienstnehmern kann die AUVA nämlich Zuschüsse zur Entgeltfortzahlung bei Arbeitsverhinderung durch Krankheit sowie nach Unfällen gewähren.

Was sind Dienstverhinderungsgründe?

Ein Dienstnehmer hat nicht nur bei Krankheit oder Unglücksfall Anspruch auf Entgeltfortzahlung, sondern auch, wenn er durch wichtige, seine Person betreffende Gründe ohne sein Verschulden während einer verhältnismäßig kurzen Zeit an der Dienstleistung verhindert wird.

Ein Dienstverhinderungsgrund ist beispielsweise die eigene Eheschließung, der Todesfall eines nahen Angehörigen oder die Geburt eines Kindes durch die Ehegattin oder Lebensgefährtin des Dienstnehmers.

Die meisten Kollektivverträge enthalten eine Aufzählung der Dienstverhinderungsgründe und der Anzahl der zu gewährenden freien Tage. Bei den in den Kollektivverträgen enthaltenen Dienstverhinderungsgründen ist zwischen Angestellten, Arbeitern und Lehrlingen zu unterscheiden. Dies, da die kollektivvertraglichen Bestimmungen davon abhängig jeweils eine unterschiedliche Bedeutung haben.

Die in einem Kollektivvertrag für Angestellte festgehaltenen Dienstverhinderungsgründe dienen als Richtschnur. Das bedeutet, dass Angestellte auch bei nicht explizit im Kollektivvertrag genannten Gründen einen Anspruch auf Entgeltfortzahlung haben können und ihnen auch eine längere als die im Kollektivvertrag vorgesehene Freizeit im Einzelfall bei entsprechendem Bedarf gewährt werden kann.

Die in einem Kollektivvertrag für Arbeiter festgehaltenen Dienstverhinderungsgründe können demonstrativ, also beispielhaft aufgezählt, oder taxativ, also abschließend, sein. Im ersteren Fall gelten die Dienstverhinderungsgründe auch bei Arbeitern als Richtschnur. Daher können sie auch bei nicht explizit im Kollektivvertrag genannten Gründen einen Anspruch auf Entgeltfortzahlung haben. Den Arbeitern kann auch eine längere als die im Kollektivvertrag vorgesehene Freizeit im Einzelfall – bei entsprechendem Bedarf – gewährt werden.

BEISPIEL

Der auf Ihr Start-up anwendbare Kollektivvertrag hält fest, dass der Dienstnehmer Anspruch auf Fortzahlung des Entgeltes „zum Beispiel in folgenden Fällen“ hat.

Die Formulierung „zum Beispiel" leitet eine demonstrative Aufzählung ein. Das Gleiche gilt auch für die Begriffe „beispielsweise", „insbesondere" und „vor allem".

Bei einer taxativen Aufzählung der Dienstverhinderungsgründe hat der Arbeiter hingegen nur für die im Kollektivvertrag genannten Gründe und nur für die im Kollektivvertrag vorgesehene Dauer Anspruch auf Entgeltfortzahlung. Das heißt, auch wenn der Arbeiter im Einzelfall mit der im Kollektivvertrag vorgesehenen Freizeit nicht auskommt, steht ihm kein längerer Anspruch zu.

BEISPIEL

Der auf Ihr Start-up anwendbare Kollektivvertrag hält fest, dass der Dienstnehmer „Anspruch auf Freistellung von der Arbeit unter Fortzahlung des Entgeltes hat, wenn er durch folgende Fälle an der Leistung seiner Dienste gehindert wird".
Die Formulierung „durch folgende Fälle" leitet eine taxative Aufzählung ein.

Für Lehrlinge können die Kollektivverträge entweder eine demonstrative oder eine taxative Aufzählung der Dienstverhinderungsgründe vorsehen. Davon hängt sodann der Anspruch auf Freizeit ab. Bei der Auslegung ist wie bei den Arbeitern vorzugehen.

Hinsichtlich der Klärung, ob die Dienstverhinderung in die Arbeitszeit fällt, ist auf die tatsächliche Arbeitszeiteinteilung für den konkreten Tag abzustellen. Sollte eine Gleitzeitvereinbarung getroffen worden sein, ist auf die fiktive Normalarbeitszeit abzustellen.

Kann eine Kündigung während des Krankenstands ausgesprochen werden?

Hartnäckig hält sich das Gerücht, dass Dienstnehmer nicht gekündigt werden können, wenn sie sich im Krankenstand befinden. Dieses Gerücht ist jedoch falsch. Als Dienstgeber können Sie einen Dienstnehmer sehr wohl während seines Krankenstandes kündigen. Es gibt keine Schutzbestimmungen zugunsten von sich im Krankenstand befindenden Dienstnehmern. Beim Ausspruch einer Kündigung während des Krankenstandes sind die allgemeinen Regeln, die auch sonst bei einer Kündigung gelten, also insbesondere die Kündigungsfristen und -termine, einzuhalten.

Beachten Sie, dass das Dienstverhältnis zwar zum Kündigungstermin endet, der Dienstnehmer jedoch (trotzdem) seinen Anspruch auf Fortzahlung des Krankenentgelts für die gesetzliche Dauer behält.

Urlaub

Das Urlaubsgesetz gilt grundsätzlich für Dienstnehmer, deren Dienstverhältnis auf einem privatrechtlichen Vertrag beruht. Einem Dienstnehmer gebührt gemäß dem Urlaubsgesetz für jedes Arbeitsjahr ein ununterbrochener bezahlter Urlaub. Bei einer Dienstzeit von weniger als 25 Jahren beträgt das Urlaubsausmaß 30 Werktage (das sind 25 Arbeitstage). Nach Vollendung des 25. Dienstjahres beträgt das Urlaubsausmaß 36 Werktage (das sind 30 Arbeitstage). Unter „Werktage" sind in diesem Zusammenhang die Tage Montag bis einschließlich Samstag zu verstehen. Als „Arbeitstage" gelten hingegen Montag bis Freitag.

Der Urlaubsanspruch entsteht in den ersten sechs Monaten des ersten Arbeitsjahres aliquot, das heißt im Verhältnis zu der im Arbeitsjahr absolvierten Dienstzeit. Nach sechs Monaten steht dem Dienstnehmer der Urlaubsanspruch in voller Höhe zu. Ab dem zweiten Arbeitsjahr entsteht der gesamte Urlaubsanspruch mit Beginn des Arbeitsjahres.

BEISPIEL

Ein Dienstnehmer fängt am 1. Juni 2017 bei Ihnen zu arbeiten an. Im September 2017 möchte er auf Urlaub fahren.
Der Dienstnehmer hat Anspruch auf acht Arbeitstage Urlaub.

Durch Kollektivvertrag, Betriebsvereinbarung oder – in Betrieben ohne Betriebsrat – durch schriftliche Einzelvereinbarung kann anstelle des Arbeitsjahres das Kalenderjahr oder ein anderer Jahreszeitraum als Urlaubsjahr vereinbart werden.

Der Zeitpunkt, in dem der Dienstnehmer seinen Urlaub antritt, ist zwischen Ihnen als Dienstgeber und dem Dienstnehmer zu vereinbaren. Dabei ist auf die Erfordernisse Ihres Start-ups und die Erholungsmöglichkeiten des Dienstnehmers Rücksicht zu nehmen.

Was ist bei einer Erkrankung während des Urlaubs zu beachten?

Sollte Ihr Dienstnehmer während seines Urlaubs erkranken oder einen Unfall haben, ohne dass er die Krankheit oder den Unfall vorsätzlich oder grob fahrlässig herbeigeführt hat, und die Erkrankung länger als drei Kalendertage dauern, so werden die auf Werktage fallende Tage, an denen der Dienstnehmer durch die Erkrankung arbeitsunfähig war, auf das Urlaubsausmaß nicht angerechnet.

Der Dienstnehmer hat nach dreitägiger Krankheitsdauer die Erkrankung Ihnen als seinem Dienstgeber unverzüglich mitzuteilen. Sollte dies aus Gründen, die nicht vom Dienstnehmer zu vertreten sind (dies wäre der Fall, wenn der Dienstnehmer beispielsweise im Koma liegt), nicht möglich sein, so gilt die Mitteilung als rechtzeitig erfolgt, wenn sie unmittelbar nach Wegfall des Hinderungsgrundes nachgeholt wird. Bei Wiederantritt des Dienstes hat der Dienstnehmer ohne schuldhafte Verzögerung ein ärztliches Zeugnis oder eine Bestätigung des zuständigen Krankenversicherungsträgers über Beginn, Dauer und Ursache der Arbeitsunfähigkeit vorzulegen. Siehe dazu Kapitel 3, Abschnitt „Ab wann muss ein Dienstnehmer eine Krankenstandsbestätigung vorlegen?“. Kommt der Dienstnehmer diesen Verpflichtungen nicht nach, so werden die Tage seiner Erkrankung nicht berücksichtigt und als Urlaubsverbrauch betrachtet.

BEISPIEL

Eine Dienstnehmerin arbeitet normalerweise von Montag bis Freitag und hat folglich eine Fünf-Tage-Woche. Sie nimmt zehn Tage Urlaub. Während des Urlaubs erkrankt sie und meldet dies dem Dienstgeber. Insgesamt befindet sie sich sieben Tage im Krankenstand.
Da zwei Tage auf das Wochenende, also Samstag und Sonntag fallen, sind fünf Tage ihres Krankenstandes nicht auf den Urlaub anzurechnen. Daher hat die Dienstnehmerin nur fünf Urlaubstage konsumiert.

Schlechte Performance eines Dienstnehmers

Es kommt immer wieder vor, dass sich ein Mitarbeiter als doch nicht für die ihm zugewiesene Tätigkeit geeignet erweist oder aus welchen Gründen auch immer nicht die nötige Motivation mitbringt bzw. sich mit dem Start-up nicht entsprechend identifizieren kann.

Wenn ein Dienstnehmer den ihm zugeteilten Aufgaben nicht entsprechend nachkommt – unabhängig davon, ob aufgrund von fehlender fachlicher Kenntnis oder wegen fehlender Motivation –, müssen Sie als Dienstgeber rasch und rechtlich korrekt reagieren. Manche Verhaltensweisen des Dienstnehmers lassen sich auch durch entsprechende klare Regelungen schon von vornherein verhindern.

Darf ein Dienstnehmer Internet bzw. Diensttelefon privat nutzen?

Im Hinblick auf die Tatsache, dass heutzutage sehr viel am Computer gearbeitet wird, können manche Dienstnehmer der Versuchung nicht widerstehen und nutzen den Dienstcomputer sowie den Zugang zum Internet und/oder das Diensttelefon missbräuchlich. Durch solch eine missbräuchliche Nutzung kann Ihnen als Dienstgeber ein nicht zu vernachlässigender Schaden entstehen – nicht nur durch die anfallenden Kosten der Anrufe, sondern auch aufgrund der Zeit, in der Sie ein Entgelt an den Dienstnehmer zahlen, jedoch keine Arbeitstätigkeit als Gegenleistung bekommen. Aus diesem Grund sollten entsprechende Vorkehrungen getroffen werden, um gegen solche Missbräuche wirksam einschreiten zu können. Insbesondere sollte eine entsprechende Bestimmung in den Dienstvertrag aufgenommen werden, die dem Dienstnehmer zum Beispiel eine private Nutzung des Computers und des Internets untersagt. Darüber hinaus können Sie sogar eine Überwachungsmöglichkeit vereinbaren.

MUSTER: VEREINBARUNG ÜBER PRIVATE INTERNETNUTZUNG

Ein Formulierungsmuster für eine Vereinbarung hinsichtlich Internet-Zugang finden Sie kostenlos unter http://oliviaeliasz.northcote.at/.

Der Rechtsprechung zufolge kann ein Dienstgeber private Telefonate verbieten. Die entsprechende Judikatur zur privaten Nutzung von Diensttelefonen kann auf die private Nutzung des Computers und des Internets durch den Dienstnehmer angewendet werden. Sollte ein Dienstnehmer trotz eines Verbotes das Telefon, den Computer oder das Internet privat nutzen und dadurch gravierend gegen das Verbot verstoßen, kann das sogar eine Entlassung rechtfertigen. Beachten Sie jedoch, dass beispielsweise kurze, familiär bedingte Anrufe nicht sanktioniert werden können.

DO

Sollte Ihnen auffallen, dass ein Dienstnehmer trotz des von Ihnen ausgesprochenen Verbotes lange Privatgespräche am Telefon führt oder im Internet zu seinem privaten Vergnügen „surft", sollten Sie zunächst eine Verwarnung aussprechen. Diese sollte zu Beweiszwecken stets schriftlich erfolgen. Sollte eine oder sogar mehrere Verwarnungen keine Änderung im Verhalten des Dienstnehmers bewirken, sollten Sie überlegen, ob Sie den Dienstnehmer nicht entlassen möchten.

Bei einer exzessiven Privatnutzung ist grundsätzlich auch ohne explizite Vereinbarung eine Entlassung zulässig, da der Dienstnehmer in diesem Fall dadurch bezahlte Arbeitszeit erheblich verbraucht hat.

Beachten Sie, dass Sie als Dienstgeber bei Ausspruch einer Entlassung beweisen können, dass eine missbräuchliche Nutzung durch den Dienstnehmer vorlag.

Wann sollte eine Verwarnung erfolgen?

Legt Ihr Mitarbeiter ein Fehlverhalten an den Tag, das Sie zwar ärgert, jedoch keine Entlassung rechtfertigt? In solchen Fällen ist der Ausspruch einer Verwarnung zu empfehlen.

Verwarnungen bzw. Ermahnungen sollen dem Dienstnehmer den Ernst der Lage sowie die Notwendigkeit der Einhaltung seiner aus dem Dienstverhältnis resultierenden Pflichten deutlich machen. Beachten Sie, dass das Gesetz in manchen Fällen eine Verwarnung sogar ausdrücklich vorsieht und zwar als Voraussetzung für eine Entlassung. Dies liegt beispielsweise bei dem Entlassungsgrund der „Trunksucht“ vor. Um einen Arbeiter aus diesem Grund entlassen zu können, muss er wiederholt fruchtlos verwarnt worden sein.

Sollten Sie aufgrund eines bestimmten Ereignisses eine Verwarnung ausgesprochen haben, können Sie aufgrund dieses Vorfalls keine Entlassung aussprechen. Um eine Entlassung aussprechen zu können, müsste ein weiteres Mal ein solches Fehlverhalten des Mitarbeiters vorliegen.

Sollten Sie als Dienstgeber mehr oder weniger große Abweichungen Ihres Dienstnehmers von den arbeitsrechtlichen Pflichten regelmäßig geduldet haben und somit nicht auf der Einhaltung einer sich aus dem Dienstvertrag ergebenden Verpflichtung des Dienstnehmers streng bestanden haben, ist Folgendes zu beachten:

Generell gilt, dass eine Verletzung einer solchen Verpflichtung innerhalb des bisher durch Sie tolerierten Ausmaßes keinen wichtigen Grund zur Entlassung des Dienstnehmers darstellt. Eine Ausnahme besteht jedoch, wenn Sie den Dienstnehmer vorher über die geänderte Sachlage informiert und darauf aufmerksam gemacht haben, dass die gegenständliche Verpflichtung in Zukunft genau eingehalten werden muss.

DON’T

Unterlassen Sie es, Ihren Mitarbeiter laufend zu ermahnen, da Ermahnungen, die so oft erfolgen, dass sie objektiv betrachtet nicht mehr ernst zu nehmen sind, „wertlos“ werden.

Die Verwarnungen sollten sich in ihrer Art (als erste „Stufe“ zum Beispiel ein Gespräch unter vier Augen) und auch in ihrer Wortwahl bis zu einer letztmaligen Verwarnung steigern (als letzte „Stufe“ zum Beispiel ein eingeschrieben übermitteltes Schreiben, in dem Sie festhalten, dass es sich um die letzte Verwarnung handelt und beim nächsten Fehlverhalten eine Entlassung ausgesprochen wird).

DO

Machen Sie immer einen Aktenvermerk über eine ausgesprochene Verwarnung. Weshalb, wann und wie sie erfolgt ist sowie ob es Zeugen gab. Sie können den Mitarbeiter auch auffordern, eine Verwarnung mit dem Zusatz „zur Kenntnis genommen" zu unterzeichnen.

Kündigung

Sollten Sie sich von einem Dienstnehmer trennen wollen bzw. müssen, da seine Leistung beispielsweise nicht Ihren Erwartungen entspricht, können Sie eine Kündigung aussprechen.

Für den Ausspruch einer Kündigung müssen Sie keine Gründe angeben. Sie müssen jedoch jedenfalls die Kündigungsfrist und den Kündigungstermin einhalten. Die Kündigungsfrist ist die Zeitspanne zwischen dem Zugang der Kündigung und dem Kündigungstermin. Der Kündigungstermin ist der Zeitpunkt, an dem das Dienstverhältnis enden soll, also der letzte Tag des Dienstverhältnisses.

Auch wenn Schriftlichkeit nicht vereinbart sein sollte, sollten Sie die Kündigung zu Beweiszwecken schriftlich verfassen. Die sicherste Vorgangsweise ist, die Kündigung dem Dienstnehmer persönlich zu übergeben und sich die Entgegennahme bestätigen zu lassen oder sie eingeschrieben an den Dienstnehmer zu senden.

DO

Wollen Sie die Kündigung postalisch zustellen, rechnen Sie die Zeit des Postwegs unbedingt mit ein! Die Kündigungsfrist berechnet sich nämlich ab dem Zeitpunkt, in dem Ihrem Dienstnehmer die Kündigung zugegangen ist.

BEISPIEL

Sie möchten Ihren Mitarbeiter zum 31.8.2017 kündigen. Der 31.8.2017 soll somit der letzte Arbeitstag des Mitarbeiters sein. Vereinbart ist, dass die Kündigungsfrist zwei Monate beträgt und zu jedem Letzten eines Monats wirksam ausgesprochen werden kann.

Die Kündigung muss Ihrem Mitarbeiter somit spätestens am 30.6.2017 zugehen. Eine Postaufgabe des Kündigungsschreibens am Freitag, 30.6.2017 ist

somit zu spät, da sie dem Dienstnehmer frühestens am Montag, 3.7.2017, durch die Post zugestellt werden wird.
Erhält der Dienstnehmer somit die Kündigung beispielsweise am 3.7.2017, endet das Dienstverhältnis trotzdem zu dem im in der Kündigung angegeben Zeitpunkt. Beachten Sie aber, dass der Dienstnehmer Anspruch auf eine Kündigungsentschädigung aufgrund der zeitwidrigen Kündigung hat. Das bedeutet, dass Sie Ihren Mitarbeiter so abrechnen müssen, als ob Sie die Kündigung ordnungsgemäß zu dem späteren Kündigungstermin (in diesem Fall somit zum 30.9.2017) ausgesprochen hätten. Das heißt, Sie müssen als Dienstgeber das volle Entgelt (inkl. anteiligen Sonderzahlungen, anteiligen Urlaubstagen etc.) für den Zeitraum bis 30.9.2017 zahlen.

Manchmal kommt es vor, dass der Dienstnehmer das Kündigungsschreiben nicht annehmen bzw. übernehmen und folglich auch die Bestätigung der Entgegennahme nicht unterfertigen will. Aus diesem Grund ist dringend anzuraten, eine Kündigung nicht in einem „Vier-Augen-Gespräch“ durchzuführen, sondern in Anwesenheit eines Zeugen.

Beachten Sie, dass eine Kündigung nicht annahmepflichtig ist. Das heißt, auch wenn der Dienstnehmer Ihnen mitteilen sollte, dass er die Kündigung „nicht annimmt“, ist sie dennoch wirksam.

DO

Eine Kündigung sollen Sie nicht nur mündlich aussprechen, sondern stets auch schriftlich übergeben und sich die Übernahme durch den Dienstnehmer bestätigen lassen bzw. die Kündigung eingeschrieben übersenden. Die Schriftform dient Beweiszwecken. Ansonsten riskieren Sie beispielsweise, dass der Dienstnehmer Ihnen die Nichteinhaltung der Kündigungsfrist vorwirft.

DON'T

Nehmen Sie in Ihr Kündigungsschreiben keine Kündigungsgründe auf. Die Angabe von Gründen ist bei einer Kündigung nicht notwendig und könnte im Fall, dass sie von Ihrem Mitarbeiter angefochten wird, das „Nachschießen“ von Kündigungsgründen erschweren.

Was ist bei der Kündigung eines Angestellten zu beachten?

Bei einem Angestellten kann – sofern keine für ihn günstigere Vereinbarung getroffen wurde – der Dienstgeber das Dienstverhältnis mit Ablauf eines jeden Kalendervierteljahres (also 31.3., 30.6., 30.9., 31.12.) durch vorherige Kündigung lösen.

CHECKLISTE

Kündigungsfrist für den Dienstgeber bei einem Angestellten:

- ➜ unter 2 Dienstjahren: 6 Wochen,
- ➜ 2 bis 5 Dienstjahre: 2 Monate,
- ➜ 5 bis 15 Dienstjahre: 3 Monate,
- ➜ 15 bis 25 Dienstjahre: 4 Monate,
- ➜ ab 25 Dienstjahren: 5 Monate.

Es kann vereinbart werden, dass die Kündigungsfrist am Fünfzehnten oder am Letzten eines Kalendermonats endet.

Mangels einer für ihn günstigeren Vereinbarung kann der Angestellte das Dienstverhältnis mit dem letzten Tag eines Kalendermonats unter Einhaltung einer einmonatigen Kündigungsfrist lösen. Diese Kündigungsfrist kann durch Vereinbarung bis zu einem halben Jahr ausgedehnt werden. Die vom Dienstgeber einzuhaltende Frist darf jedoch nicht kürzer sein als die mit dem Angestellten vereinbarte.

BEISPIEL

Herr Gehflott ist bei Ihnen als IT-Consultant beschäftigt. Sie haben mit ihm vereinbart, dass er eine dreimonatige und Sie eine zweimonatige Kündigungsfrist einzuhalten haben.

Vorsicht: Eine solche Vereinbarung ist nicht erlaubt, da Ihre Frist kürzer ist als die von Ihrem Angestellten.

Was ist bei einer Kündigung eines Arbeiters zu beachten?

Für gewöhnlich beinhalten die entsprechenden Kollektivverträge Kündigungsfristen und -termine für Arbeiter. Ist kein Kollektivvertrag anwendbar oder enthält der Kollektivvertrag keine Bestimmungen hinsichtlich der Kündigung (und liegen keine speziellen gesetzlichen Regelungen vor), ist eine 14-tägige Kündigungsfrist einzuhalten – ein bestimmter Kündigungstermin ist nicht vorgesehen. Diese Frist gilt sowohl für Dienstgeber- als auch Dienstnehmerkündigungen.

Wann stehen einem Dienstnehmer „Postensuchtage" zu?

Ihr Dienstnehmer hat bei einer durch Sie ausgesprochenen Dienstgeberkündigung einen Anspruch auf sogenannte „Freizeit während der Kündigungsfrist", also Postensuchtage. Sie sind jedoch nicht verpflichtet, Ihrem Dienstnehmer diese Freizeit von sich aus anzubieten, sondern der Dienstnehmer muss sie von Ihnen verlangen.

Was ist eine Dienstfreistellung?

Sie können als Dienstgeber Ihren Dienstnehmer freiwillig vom Dienst freistellen und auf seine Arbeitsleistung verzichten. Während der Dienstfreistellung müssen Sie ihm jedoch das volle Entgelt weiterzahlen, so als wenn der Dienstnehmer arbeiten würde. Häufig stellen Dienstgeber ihre Dienstnehmer während der Kündigungsfrist vom Dienst frei.

DO

Vergessen Sie nicht, mit Ihrem Dienstnehmer zu vereinbaren, dass er seinen Urlaub während der Dienstfreistellung verbrauchen wird. Sie können Ihren Mitarbeiter jedoch nicht zwingen, diesem Urlaubsverbrauch zuzustimmen. Es bestehen jedoch Ausnahmen, wann der Dienstnehmer den Urlaubsverbrauch nicht verweigern darf – insbesondere darf er den Verbrauch von Urlaub nicht rechtsmissbräuchlich ablehnen. Es ist im Einzelfall zu beurteilen, ob ein Rechtsmissbrauch vorliegt.

MUSTER: DIENSTFREISTELLUNG

Ein Muster für eine Dienstfreistellung finden Sie kostenlos unter http://oliviaeliasz.northcote.at/.
Ein Muster für eine Dienstfreistellung mit Bestimmung zum Verbrauch des Resturlaubs finden Sie kostenlos unter http://oliviaeliasz.northcote.at/.

Gibt es einen Kündigungsschutz?

Grundsätzlich brauchen Sie als Dienstgeber für den Ausspruch einer Kündigung keinen speziellen Grund. Dennoch gibt es einen allgemeinen sowie einen besonderen Kündigungsschutz.

Zum allgemeinen Kündigungsschutz siehe dieses Kapitel, Abschnitt „Kann eine Kündigung angefochten werden?" Neben dem allgemeinen, gibt es auch einen besonderen Kündigungsschutz, der bestimmte Dienstnehmergruppen (wie beispielsweise behinderte Personen, Eltern, Belegschaftsfunktionäre wie zum Beispiel Mitglieder des Betriebsrates etc.) schützt. In diesen Fällen kann eine Kündigung nur rechtswirksam ausgesprochen werden, wenn Sie als Dienstgeber die Zustimmung des Gerichtes bzw. des Behindertenausschusses eingeholt haben, wobei die Kündigung hier einer besonderen Begründung bedarf. Beispielsweise kann eine Betriebsreduktion eine Kündigung notwendig machen.

Kann eine Kündigung angefochten werden?

Wenn Sie einen Mitarbeiter kündigen, kann er – wenn gewisse Voraussetzungen vorliegen – die Kündigung mittels Klage beim Arbeits- und Sozialgericht anfechten.

Auch wenn Sie keine Gründe für eine Kündigung angeben müssen, müssen Sie, falls der Dienstnehmer die Kündigung anficht, beweisen, dass betriebliche und/oder persönliche Gründe vorliegen, die die Kündigung notwendig machen.

Grundsätzlich kann der Mitarbeiter die Kündigung anfechten, wenn sie wegen eines verpönten Motivs ausgesprochen wurde oder sozial ungerechtfertigt ist und der gekündigte Dienstnehmer bereits sechs Monate im Betrieb oder Unternehmen, dem der Betrieb angehört, beschäftigt ist. Dieser allgemeine Kündigungsschutz besteht jedoch (grundsätzlich) nur in betriebsratspflichtigen Betrieben (siehe dazu Kapitel 2, Abschnitt „Was ist ein Betriebsrat?") und kommt leitenden Angestellten nicht zu.

Kündigungsanfechtung aufgrund eines verpönten Motivs

Eine Kündigung kann bei Gericht angefochten werden, wenn sie beispielsweise wegen

- des Beitritts oder der Mitgliedschaft des Dienstnehmers zu/in Gewerkschaften,
- der Tätigkeit des Dienstnehmers in Gewerkschaften,
- Einberufung der Betriebsversammlung durch den Dienstnehmer,
- seiner Bewerbung um eine Mitgliedschaft im Betriebsrat oder wegen einer früheren Tätigkeit im Betriebsrat,
- seiner Tätigkeit als Mitglied der Schlichtungsstelle,
- seiner Tätigkeit als Sicherheitsvertrauensperson, Sicherheitsfachkraft oder Arbeitsmediziner,
- der bevorstehenden Einberufung des Dienstnehmers zum Präsenz- oder Ausbildungsdienst oder Zuweisung zum Zivildienst,
- der offenbar nicht unberechtigten Geltendmachung vom Dienstgeber in Frage gestellten Ansprüche aus dem Dienstverhältnis durch den Dienstnehmer,

erfolgt.

Kündigungsanfechtung wegen Sozialwidrigkeit

Ferner kann der Mitarbeiter die Kündigung wegen Sozialwidrigkeit anfechten. Dies unter der Voraussetzung, dass er mindestens sechs Monate bei Ihnen beschäftigt war und der Betriebsrat der Kündigung nicht ausdrücklich zugestimmt hat. Zeiten, die der Dienstnehmer in der Position des Geschäftsführer verbracht hat, sind nicht in diese Sechsmonatsfrist einzurechnen – die Sechsmonatsfrist beginnt nach Ende der Organstellung neu zu laufen.

Eine Kündigung ist sozialwidrig, wenn sie wesentliche Interessen des Dienstnehmers beeinträchtigt und nicht durch persönliche oder betriebliche Gründe gerechtfertigt ist.

DO

Sollte in Ihrem Start-up ein Betriebsrat bestehen, müssen Sie diesen vor dem Ausspruch jeder Kündigung eines Dienstnehmers verständigen. Der Betriebsrat kann binnen einer Woche zu der Kündigung Stellung nehmen. Beachten Sie, dass Sie den Betriebsrat auch vom Ausspruch der Kündigung verständigen müssen. Das heißt, Sie müssen ihn darüber informieren, dass Sie die Kündigung ausgesprochen haben.

Abhängig von der Reaktion des Betriebsrates auf die Verständigung über den geplanten Kündigungsausspruch sind verschiedene Szenarien möglich:

- Sollte der Betriebsrat der Kündigungsabsicht ausdrücklich widersprochen haben, kann er diese binnen einer Woche nach Verständigung vom Ausspruch der Kündigung auf Verlangen des gekündigten Dienstnehmers beim Gericht anfechten.
  - Sollte der Betriebsrat diesem Verlangen des Dienstnehmers, die Kündigung bei Gericht anzufechten, nicht nachkommen, kann der Dienstnehmer selbst die Kündigung innerhalb von zwei Wochen nach Ablauf der für den Betriebsrat geltenden Frist die Kündigung selbst beim Gericht anfechten.

  - Sollte der Betriebsrat die Anfechtungsklage ohne Zustimmung des gekündigten Dienstnehmers zurücknehmen, so tritt die Wirkung der Klagsrücknahme erst ein, wenn der vom Gericht hiervon verständigte Dienstnehmer nicht innerhalb von 14 Tagen ab Verständigung in den Rechtsstreit eintritt.
- Hat der Betriebsrat innerhalb der einwöchigen Frist, in der er zu der Kündigung Stellung nehmen kann, keine Stellungnahme abgegeben, kann der Dienstnehmer innerhalb von zwei Wochen nach Zugang der Kündigung diese beim Gericht selbst anfechten.
- Hat der Betriebsrat der beabsichtigten Kündigung innerhalb der einwöchigen Frist, in der er zu der Kündigung Stellung nehmen kann, ausdrücklich zugestimmt, kann der Dienstnehmer innerhalb von zwei Wochen nach Zugang der Kündigung diese beim Gericht anfechten, jedoch „nur“ wegen Motivwidrigkeit, nicht aber wegen Sozialwidrigkeit. Zur Motivkündigung siehe dieses Kapitel, Abschnitt „Kündigungsanfechtung aufgrund eines verpönten Motivs“.

Gibt das Gericht der Anfechtung statt, ist die Kündigung rechtsunwirksam.

Was ist eine Kündigungsentschädigung?

Sollten Sie als Dienstgeber

- beim Ausspruch der Kündigung
  - die Kündigungsfrist oder
  - den Kündigungstermin nicht einhalten, oder
- eine ungerechtfertigte Entlassung aussprechen oder

sollte Ihr Dienstnehmer

- berechtigt vorzeitig aus dem Dienstverhältnis austreten,

kann er eine Kündigungsentschädigung verlangen.

In diesem Fall endet zwar die Arbeitsleistung des Dienstnehmers mit dem von Ihnen bekanntgegebenen Kündigungstermin bzw. zum Zeitpunkt seines berechtigten Austritts, dem Dienstnehmer steht jedoch jenes Entgelts zu, das ihm bei einer ordnungsgemäßen Kündigung zugestanden wäre. Der Anspruch des Dienstnehmers umfasst das laufende Entgelt, auf das er während der fiktiven Kündigungsfrist Anspruch gehabt hätte, sowie die anteiligen Sonderzahlungen und die sonstigen Entgeltbestandteile.

Entlassung

Unter einer Entlassung ist die sofortige, das heißt fristlose Auflösung des Arbeitsverhältnisses durch den Dienstgeber aufgrund des Vorliegens eines wichtigen Grundes zu verstehen. Erfolgt die Entlassung aufgrund des Vorliegens eines Entlassungsgrundes, ist sie berechtigt. Wird eine Entlassung ausgesprochen, ohne dass ein Entlassungsgrund vorliegt, ist die Entlassung unberechtigt.

Die Entlassung ist empfangsbedürftig und muss dem Dienstnehmer unverzüglich zugehen. Das heißt, sie muss ihm gegenüber sofort nach dem Vorfall, der die Entlassung rechtfertigt, mündlich ausgesprochen oder in Schriftform (eingeschrieben oder per Boten) zugestellt werden. Auch wenn die Entlassung „unverzüglich" ausgesprochen werden muss, hat der Dienstgeber jedoch eine kurze Überlegungsfrist und kann auch eine Rechtsauskunft einholen oder entsprechende Nachforschungen durchführen. Als Dienstgeber sollten Sie sich jedoch nicht unnötig viel Zeit lassen, da ein schuldhaftes Zögern den Entlassungsgrund verwirkt. Das bedeutet, dass dieser Grund sodann keine Entlassung mehr rechtfertigt. Sollten Sie dennoch eine Entlassung aussprechen, ist sie unberechtigt.

Der vom Dienstnehmer gesetzte Entlassungsgrund muss für Sie als Dienstgeber die Fortsetzung des Dienstverhältnisses unzumutbar machen. Im Fall der Vertrauensunwürdigkeit muss das Verhalten an sich geeignet sein, Ihre dienstlichen Interessen für den Fall eines Fortbestandes des Dienstverhältnisses zu gefährden.

Es muss stets im Einzelfall betrachtet werden, ob das zur Entlassung Anlass gebende Verhalten an sich geeignet ist, die Unzumutbarkeit der Weiterbeschäftigung im konkreten Fall zu begründen. Das Vorliegen von Unzumutbarkeit ist von der Dauer der Kündigungsfrist bzw. von der Zeitdauer, die bis zum Ende der Vertragsdauer noch verstreichen müsste, und von der Gelegenheit, die dienstlichen Interessen künftig wieder zu verletzen, unabhängig.

Auch wenn das letzte Ereignis von entscheidender Bedeutung ist, ist das gesamte Verhalten des Dienstnehmers zu berücksichtigen. Von Vorteil – jedoch nicht Voraussetzung (mit wenigen Ausnahmen) – ist, wenn der Dienstnehmer bereits verwarnt worden ist. Eine Ausnahme besteht zum Beispiel beim Entlassungsgrund der beharrlichen Pflichtverletzung, bei der der Dienstnehmer für gewöhnlich verwarnt worden sein muss.

Beachten Sie, dass eine Entlassung nicht rückwirkend ausgesprochen werden kann.

Wann kann ein Angestellter entlassen werden?

Die Entlassung eines Angestellten ist bei Vorliegen eines wichtigen Grundes möglich. Das Angestelltengesetz enthält eine taxative, das heißt abschließende Aufzählung der Entlassungsgründe.

Als Dienstgeber können Sie daher bei Vorliegen eines der gesetzlich festgelegten wichtigen Gründe einen Angestellten vorzeitig entlassen. Sie können eine Entlassung beispielsweise aussprechen,

- wenn sich der Angestellte einer Handlung schuldig macht, die ihn Ihres Vertrauens unwürdig erscheinen lässt,
- wenn der Angestellte unfähig ist, die versprochenen oder die den Umständen nach angemessenen Arbeitstätigkeiten zu leisten;
- wenn der Angestellten ohne Ihre Einwilligung ein selbstständiges kaufmännisches Unternehmen betreibt oder im Geschäftszweig Ihres Startups für eigene oder fremde Rechnung Handelsgeschäfte macht oder
- wenn der Angestellte ohne einen rechtmäßigen Hinderungsgrund während einer den Umständen nach erheblichen Zeit die Dienstleistung unterlässt oder sich beharrlich weigert, seiner Arbeitstätigkeit nachzukommen oder sich Ihren gerechtfertigten Weisungen widersetzt,
- wenn der Angestellte durch eine längere Freiheitsstrafe oder durch Abwesenheit während einer den Umständen nach erheblichen Zeit, ausgenommen wegen Krankheit oder Unglücksfalls, an der Verrichtung seiner Arbeitstätigkeit gehindert ist,
- wenn sich der Angestellte Tätlichkeiten, Verletzungen der Sittlichkeit oder erhebliche Ehrverletzungen gegen Sie, Ihre Stellvertreter, Ihre Angehörige oder gegen Mitbedienstete zuschulden kommen lässt.

Beachten Sie, dass bei der Beurteilung, ob Vertrauensunwürdigkeit vorliegt, ein objektiver Maßstab anzulegen ist. Für die Beurteilung ist maßgebend, ob das Verhalten des Angestellten Ihr Vertrauen so schwer erschüttert hat, dass

Ihnen die Fortsetzung des Dienstverhältnisses mit dem Angestellten nicht mehr zugemutet werden kann.

Wann kann ein Arbeiter entlassen werden?

Als Dienstgeber sind Sie zur vorzeitigen Entlassung eines Arbeiters bei Vorliegen eines wichtigen Grundes berechtigt. Sie können eine Entlassung beispielsweise aussprechen, wenn

- Ihnen der Arbeiter bei Abschluss des Arbeitsvertrags falsche oder verfälschte Ausweise oder Zeugnisse vorgelegt hat,
- der Arbeiter nicht fähig ist, die mit ihm vereinbarte Arbeit auszuführen,
- der Arbeiter dem Alkoholismus („Trunksucht") verfällt und Sie ihn wiederholt fruchtlos verwarnt haben,
- der Arbeiter einen Diebstahl, eine Veruntreuung oder eine sonstige strafbare Handlung begeht, die ihn Ihres Vertrauens unwürdig erscheinen lässt,
- der Arbeiter ein Geschäfts- oder Betriebsgeheimnis verrät oder ohne Ihre Einwilligung ein der Verwendung beim Gewerbe abträgliches Nebengeschäft betreibt,
- der Arbeiter die Arbeit unbefugt verlassen hat oder beharrlich seine Pflichten vernachlässigt,
- der Arbeiter Sie oder die übrigen Arbeiter ehrverletzend beleidigt hat (grobe Ehrenbeleidigung), handgreiflich geworden ist (Körperverletzung) oder Ihnen oder den übrigen Arbeitern gedroht hat (gefährliche Drohung),
- der Arbeiter eine „abschreckende Krankheit" hat (es ist hier auf die Unzumutbarkeit der Weiterbeschäftigung im jeweiligen Einzelfall abzustellen, wobei es sich für die Erfüllung dieses Entlassungsgrundes wohl um eine ansteckende Krankheit handeln muss, die eine akute Gefahr für den Dienstgeber, Arbeitskollegen usw. darstellt) oder durch eigenes Verschulden arbeitsunfähig wird,
- der Arbeiter länger als vierzehn Tage im Gefängnis angehalten wird.

Bei der im Gesetz in § 82 GewO 1859 enthaltenen Auflistung der Entlassungsgründe handelt es sich um eine taxative, das heißt abschließende Aufzählung. Das bedeutet, dass Sie als Dienstgeber beachten müssen, dass der von Ihnen herangezogene Entlassungsgrund einem dieser Gründe oder einem gleichwertigen Tatbestand entspricht.

Was ist beim Ausspruch einer Entlassung zu beachten?

Beim Ausspruch einer Entlassung müssen Sie diese grundsätzlich nicht begründen. Eine Begründung wird jedoch notwendig, wenn der Dienstnehmer die Entlassung bei Gericht anficht. Empfehlenswert ist – wie bei einer Kündigung – keine Begründung in das Entlassungsschreiben aufzunehmen. Nach Rücksprache mit Ihrem Rechtsanwalt können Sie dann die entsprechenden Entlassungsgründe im gerichtlichen Verfahren vorbringen.

Manchmal kann es durchaus von Vorteil sein, den entlassenen Dienstnehmer erst vor Gericht mit allen Entlassungsgründen zu konfrontieren. Sollten Sie jedoch eine Begründung in Ihr Entlassungsschreiben aufnehmen wollen, hindert Sie dies nicht daran, bei einem Gerichtsverfahren noch weitere Entlassungsgründe anzugeben. Beachten Sie, dass diese Entlassungsgründe bei Ausspruch der Entlassung bereits vorgelegen haben müssen.

DO

Prüfen Sie vor Ausspruch der Entlassung stets, ob tatsächlich ein Entlassungsgrund vorliegt und ob Sie diesen auch beweisen können, wie zum Beispiel durch Urkunden oder Zeugen. Sollte es nämlich zu einem Gerichtsverfahren kommen, wird der Dienstnehmer den von Ihnen vorgebrachten Entlassungsgrund wohl bestreiten. Sie müssen sodann die Richtigkeit Ihrer Begründung beweisen.

Wenn Sie sich nicht sicher sind, ob ein Dienstnehmer einen Entlassungsgrund gesetzt hat, und für die Klärung der Einzelheiten länger brauchen, sollten Sie den Dienstnehmer vom Dienst freistellen. Durch die Dienstfreistellung vermeiden Sie, dass der Dienstnehmer davon ausgehen kann, dass Sie (stillschweigend) auf den Ausspruch der Entlassung verzichten. Sollte der

Entlassungsgrund jedoch ganz klar vorliegen, dürfen Sie mit dem Ausspruch der Entlassung nicht zuwarten, sondern müssen diese unverzüglich aussprechen.

Prinzipiell ist dennoch vor Ausspruch einer Entlassung die sofortige Kontaktaufnahme mit einem auf Arbeitsrecht spezialisierten Rechtsanwalt zu empfehlen. Beachten Sie, dass eine unberechtigte Entlassung grundsätzlich das Dienstverhältnis mit sofortiger Wirkung beendet. Der Dienstnehmer hat jedoch Anspruch auf die sogenannte „Kündigungsentschädigung". Das bedeutet, dass ihm alle Ansprüche zustehen, die er bei einer termin- und fristgerechten Dienstgeberkündigung erhalten hätte. Somit müssen Sie ihm das zahlen, was er während der fiktiven Kündigungsfrist verdient hätte.

DO

Die Entlassung sollte – zu Beweiszwecken – mündlich in Gegenwart eines Zeugen ausgesprochen und die Kenntnisnahme durch den Dienstnehmer schriftlich bestätigt werden. Sollte der Dienstnehmer die Bestätigung der Kenntnisnahme nicht unterzeichnen wollen, senden Sie ihm die Entlassung zusätzlich in Schriftform eingeschrieben zu.

Achten Sie stets darauf, dass Sie niemanden aufgrund seiner ethnischen Zugehörigkeit, seiner Religion oder Weltanschauung, seines Alters, seiner sexuellen Orientierung, einer Behinderung oder seines Geschlechts diskriminieren, und zwar unter anderem weder bei der Begründung des Dienstverhältnisses, bei der Festsetzung des Entgelts, bei der Gewährung freiwilliger Sozialleistungen, bei Beförderungen und bei der Beendigung des Arbeitsverhältnisses. Ansonsten riskieren Sie beispielsweise eine Anfechtung wegen Diskriminierung bzw. die Geltendmachung von Schadenersatzansprüchen.

Einvernehmliche Auflösung

Eine einvernehmliche Beendigung eines Dienstverhältnisses ist stets möglich. Voraussetzung sind lediglich zwei übereinstimmende Willenserklärungen. Bei einer einvernehmlichen Auflösung sind weder Sie als Dienstgeber noch Ihr Dienstnehmer an Kündigungsfristen bzw. an Kündigungstermine gebunden. Für gewöhnlich wird jedoch als Beendigungszeitpunkt der 15. oder der Letzte eines Monats gewählt.

DO

Vereinbaren Sie mit Ihrem Dienstnehmer, dass er seinen offenen Resturlaub vor Ende des Dienstverhältnisses verbrauchen soll. Anderenfalls werden Sie ihm den noch offenen Urlaub auszahlen müssen.

Muss ein Dienstzeugnis ausgestellt werden?

Bei Beendigung des Dienstverhältnisses sind Sie als Dienstgeber verpflichtet, Ihrem Dienstnehmer auf Verlangen ein schriftliches Zeugnis über die Dauer und die Art der Dienstleistung auszustellen. Sie müssen jedoch kein sogenanntes „qualifiziertes Dienstzeugnis", das Angaben über die Qualität der vom Dienstnehmer erbrachten Leistungen enthält, verfassen. Vielmehr genügt ein sogenanntes „einfaches Dienstzeugnis".

Beachten Sie, dass Eintragungen und Anmerkungen im Zeugnis, durch die dem Dienstnehmer die Erlangung einer neuen Stelle erschwert wird, unzulässig sind. Informieren Sie sich vor der Ausstellung des Dienstzeugnisses über übliche Formulierungen, damit Sie dem Dienstnehmer nicht unbeabsichtigt ein schlechteres Zeugnis ausstellen, als Sie möchten. Es gibt nämlich zahlreiche „Geheimcodes", aufgrund derer eine neutral oder sogar positiv wirkende Formulierung einer negativen Aussage gleichkommt.

BEISPIEL 1

„Frau Sara Sonnenschein hat die ihr aufgetragenen Aufgaben stets zu unserer vollsten Zufriedenheit erledigt."

➔ Da Sie den Superlativ („vollsten Zufriedenheit") verwenden, bedeutet dies, dass Sie mit Ihrer Dienstnehmerin sehr zufrieden waren.

BEISPIEL 2

„Frau Johanna Jung hat die ihr übertragenen Arbeiten stets zu unserer vollen Zufriedenheit erledigt."

➔ Diese Formulierung bedeutet, dass Sie mit der Arbeitsleistung Ihrer Dienstnehmerin zufrieden (jedoch nicht sehr zufrieden) waren.

BEISPIEL 3

„Herr Roman Richtig hat die ihm übertragenen Arbeiten zu unserer Zufriedenheit erledigt."

➔ Diese Formulierung bedeutet, dass Sie die Arbeitsleistung Ihres Dienstnehmers lediglich für ausreichend befinden.

BEISPIEL 4

„Herr Arthur Artig hat sich bemüht, die ihm übertragenen Aufgaben zu unserer Zufriedenheit zu erledigen."

➔ Diese Formulierung bedeutet, dass Sie die Arbeitsleistung Ihres Dienstnehmers als unzureichend beurteilen.

Sollte der Dienstnehmer während der Dauer des Dienstverhältnisses ein Zeugnis verlangen, so ist ihm ein solches auf seine Kosten auszustellen.

MUSTER: DIENSTZEUGNIS

Ein Muster eines einfachen Dienstzeugnisses finden Sie kostenlos unter http://oliviaeliasz.northcote.at/.

Was ist unter „Abfertigung neu“ zu verstehen?

Die sogenannte Abfertigung neu ist auf alle Arbeitsverhältnisse anwendbar, die nach dem 31.12.2002 begonnen wurden, vorausgesetzt, sie beruhen auf einem privatrechtlichen Vertrag. Bei Arbeitsverhältnissen, die vor dem 31.12.2002 begonnen wurden, kann durch schriftlichen Vertrag vereinbart werden, dass das neue Abfertigungsrecht gilt.

Das Betriebliche Mitarbeiter- und Selbständigenvorsorgegesetz (BMSVG) gilt grundsätzlich für „echte“ Dienstnehmer, freie Dienstnehmer und für Selbstständige. Es legt unter anderem fest, dass bei einem Arbeitsverhältnis, das länger als einen Monat dauert, der Dienstgeber für seinen Dienstnehmer einen laufenden Beitrag in Höhe von 1,53 % des monatlichen Entgelts sowie allfälliger Sonderzahlungen an den für den Dienstnehmer zuständigen Träger der Krankenversicherung zu überweisen hat. Die Beitragszahlung ist ab dem zweiten Monat des Dienstverhältnisses zu leisten. Wird jedoch binnen zwölf Monaten ab dem Ende eines Dienstverhältnisses mit demselben Dienstgeber erneut ein Dienstverhältnis abgeschlossen, setzt die Beitragspflicht mit dem ersten Tag dieses Dienstverhältnisses ein und nicht erst ab dem zweiten Monat.

In weiterer Folge werden die Beträge vom Krankenversicherungsträger an die Betriebliche Vorsorgekasse (BV-Kasse) weitergeleitet.

Ist in Ihrem Start-up ein Betriebsrat eingerichtet, dann erfolgt die Auswahl der Betrieblichen Vorsorgekasse durch Abschluss einer Betriebsvereinbarung. Gibt es in Ihrem Start-up hingegen keinen Betriebsrat, haben Sie als Dienstgeber sämtliche Dienstnehmer über die beabsichtigte Auswahl schriftlich zu informieren. Falls Sie einen Dienstzettel ausstellen, ist der Name und die Anschrift der Betrieblichen Vorsorgekasse in diesem festzuhalten. Stellen Sie hingegen einen Dienstvertrag aus, sind die genannten Informationen in diesem festzuhalten.

Gute Performance eines Dienstnehmers

Sie sind mit Ihren Dienstnehmern sehr zufrieden und wollen sich entsprechend erkenntlich zeigen? Sie möchten Ihre Dienstnehmer weiter motivieren, können oder möchten dafür jedoch kein zusätzliches Geld ausgeben, da dieses ohnehin knapp ist und/oder anderweitig investiert werden muss?

Eine gute Alternative zu hohen Gehältern ist die „Belohnung" Ihrer Mitarbeiter mit einer (echten oder virtuellen) Beteiligung an Ihrem Start-up. Aus diesem Grund sollten Sie einen „Employee Stock Ownership Plan", kurz ESOP genannt, erstellen. Ein ESOP ist ein Programm zur kapitalmäßigen Beteiligung von Dienstnehmern an einem Unternehmen. Es handelt sich dabei folglich um einen Sammelbegriff für diverse Mitarbeiterbeteiligungsmodelle.

Mitarbeiterbeteiligung, Incentives, Employee Stock Option Plan (ESOP)

Mitarbeiterbeteiligungen sind bei Start-ups besonders beliebt, denn sie können nicht nur eine Steigerung der Identifikation der Mitarbeiter mit dem Start-up, sondern auch eine Stärkung der unternehmerischen Einstellung der Dienstnehmer sowie in der Folge eine Zunahme der Unternehmensproduktivität bewirken. Nicht zuletzt können auch steuerliche Vorteile durch Mitarbeiterbeteiligungen genutzt werden – kontaktieren Sie diesbezüglich Ihren Steuerberater.

DO

Prüfen Sie vor Anbieten einer Beteiligung an Ihren Mitarbeiter, ob Sie damit nicht womöglich eine von Ihnen nicht beabsichtigte Einflussnahme durch den Dienstnehmer in Ihre Entscheidungsfindung als Gesellschafter bewirken. Beachten Sie in diesem Zusammenhang insbesondere die gesellschaftsrechtlichen Bestimmungen zu den (Mindest-)Beschlussquoren bei einer GmbH und die Regelungen im Gesellschaftsvertrag Ihres Start-ups. Bedenken Sie auch, dass die Beteiligung Ihres Mitarbeiters durch Anteilsübertragung bei einer GmbH zwingend eine Notariatsaktpflicht beim Übertragungsakt sowie die

Eintragung im Firmenbuch vorsieht. Sie müssen somit mit fixen Nebenkosten rechnen. Kontaktieren Sie daher vor Durchführung der relevanten Schritte für die Mitarbeiterbeteiligung Ihren Rechtsanwalt und einen Notar, um die Ihnen entstehenden Kosten einschätzen zu können.

In der Folge sind die für Sie als Gründer eines Start-ups interessantesten Varianten eines ESOPs dargestellt.

Incentives

Unter einem Incentive ist eine von einem Dienstgeber an Dienstnehmer angebotene Gratifikation zu verstehen. Damit wird der Zweck verfolgt, den Dienstnehmern einen Anreiz zu einer Leistungssteigerung zu bieten. Das Incentive kann in Geld oder in einer Sachleistung bestehen. Immer häufiger werden auch sogenannte Incentivereisen veranstaltet. Auch die Einführung von Bonusprogrammen ist beliebt.

Erfolgsbeteiligungen

Bei einer Erfolgsbeteiligung bekommt der Dienstnehmer zusätzlich zu einem fixen Lohn bzw. Gehalt eine variable Einkommenskomponente. Diese ist an bestimmte (qualitative und quantitative) Erfolgsfaktoren gebunden.

BEISPIEL

Sie vereinbaren mit Ihren Dienstnehmern vorab, dass sie bei Erreichen eines bestimmten Jahresumsatzes des Start-ups (und eines bestimmten persönlichen Ziels) zusätzlich zu ihrem fixen Gehalt eine variable Einkommenskomponente ausgezahlt bekommen.

Stock Options

Eine Art der Mitarbeiterbeteiligung ist die Einräumung sogenannter „Stock Options". Den Dienstnehmern wird hierbei – meist unentgeltlich –

- das Recht eingeräumt (sogenannte Optionsgewährung),
- zu einem bestimmten späteren Zeitpunkt (Ausübungszeitpunkt) oder
- während eines bestimmten in der Zukunft liegenden Zeitraumes (Ausübungszeitraum)
- eine bestimmte Anzahl von Aktien bzw. Geschäftsanteilen zu einem festgelegten Preis (Ausübungspreis) zu erwerben.

Der Dienstnehmer hat somit bei Bestehen aller vereinbarten Voraussetzungen das Recht, Aktien bzw. Anteile am Unternehmen zu einem niedrigen Ausübungspreis zu erwerben. Wichtig ist, dass der Dienstnehmer zur Optionsausübung zwar berechtigt, aber nicht verpflichtet ist. Der zwischen dem Zeitpunkt des Abschlusses der Optionseinräumungsvereinbarung und dem Ausübungszeitpunkt bzw. -zeitraum der Option liegende Zeitraum wird Sperr- oder Wartefrist genannt.

DO

Informieren Sie sich ergänzend über die steuerrechtlichen Auswirkungen der einzelnen Stock-Option-Varianten. Kontaktieren Sie hierzu Ihren Steuerberater.

Handelbare Optionen – nicht handelbare Optionen – frei werdende Optionen

Bei der Vereinbarung der Mitarbeiteroptionen haben Sie grundsätzlich die Wahl zwischen handelbaren, nicht handelbaren und frei werdenden Optionen:

- **Handelbare Optionen**

  Möchten Sie Ihren Dienstnehmern Optionen einräumen, die schon ab dem Zeitpunkt der Gewährung frei übertragbar sind und an keinerlei Bedingungen gebunden sind? Dann ist die Einräumung von handelbaren Optionen die richtige Wahl für Sie.

  Bei diesen Optionen gewähren Sie schon im Zeitpunkt der Einräumung das Recht, Anteile an Ihrem Start-up im Zeitpunkt bzw. im Zeitraum der Optionsausübung zu einem bestimmten Preis zu erwerben. Darüber hinaus können die einzelnen Dienstnehmer als Optionsberechtigte im

Einräumungszeitpunkt über das ihnen eingeräumte Optionsrecht frei verfügen, da handelbare Optionen in Bezug auf ihre Ausübbarkeit an keine Bedingungen geknüpft und auch nicht gesperrt sind. Die Optionsberechtigten können die Option somit auch ausüben, wenn sie nicht mehr bei Ihnen beschäftigt sind. Sie können die Optionen auch weiterverkaufen.

→ **Nicht handelbare Optionen**
Wollen Sie Ihren Mitarbeitern Optionen einräumen, die diese nicht an Dritte übertragen können? Oder möchten Sie die Ausübung der Option an ein aufrechtes Dienstverhältnis knüpfen? Dann ist die Einräumung von nicht handelbaren Optionen die richtige Wahl für Sie.
Nicht handelbare Optionen unterliegen Beschränkungen und räumen nur ein bedingtes Recht ein, im Ausübungszeitpunkt Aktien bzw. Unternehmensanteile zu erwerben. Sie können von Ihnen als Dienstgeber folglich beschränkt werden. Das hat zur Folge, dass der Dienstnehmer keine uneingeschränkte Verfügungsmacht über die Option besitzt. Die Option kann auch nur persönlich durch ihn ausgeübt werden. Weiters besteht keine Übertragungsmöglichkeit im Einräumungszeitpunkt.

DO

Um sicherzustellen, dass der Dienstnehmer den Vermögensvorteil aus der Optionsgewährung nur bekommt, wenn er für Ihr Start-up tätig ist, legen Sie bei der Gewährung der Optionen als Bedingung das Bestehen eines aufrechten Dienstverhältnisses bei Ausübung der Option fest.
Um auszuschließen, dass der Dienstnehmer die eingeräumten Optionen nicht an Dritte überträgt, gewähren Sie diese nur unter der Auflage, dass die Optionen nicht gehandelt werden dürfen.

→ **Frei werdende Optionen**
Möchten Sie Ihre Mitarbeiter durch die Einräumung der Optionen an Ihr Start-up binden? Dann ist die Gewährung von frei werdenden Optionen die richtige Wahl für Sie. Bei dieser Variante bieten Sie Ihrem Dienstneh-

mer Aktien bzw. Unternehmensanteile unter der Voraussetzung an, dass er für eine bestimmte Mindestzeit für Ihr Start-up arbeitet.
Dieses Modell der Mitarbeiterbeteiligung funktioniert folgendermaßen: Sie gewähren Ihrem Dienstnehmer zum sogenannten grant date eine bestimmte Anzahl an Unternehmensaktien bzw. Unternehmensanteilen. Nach dem grant date (also dem Zeitpunkt der Gewährung der Optionen) folgt die sogenannte vesting period, der Erdienungszeitraum. Die Optionen können während der vesting period nicht ausgeübt werden. Dem Dienstnehmer ist es also untersagt, die Aktien bzw. Unternehmensanteile zu verkaufen. Weitere Beschränkungen sind in den Optionsbedingungen festgelegt. Während der vesting period sind die Optionen an ein aufrechtes Dienstverhältnis geknüpft. Sollte ein Dienstnehmer daher während dieser Periode, also vor dem vesting date, das Start-up verlassen, gehen seine Optionsrechte unter. Ab dem vesting date hat der Dienstnehmer das Recht, uneingeschränkt über die ihm gewährten Aktien zu verfügen. Der Zeitraum nach der vesting period wird als exercise period bezeichnet. Folglich können Sie festlegen, dass die Optionen während der vesting period nicht übertragbar und somit nicht handelbar sind. Nach Ablauf der vesting period ist die Ausübung der Optionen nicht mehr an ein aufrechtes Dienstverhältnis geknüpft und somit „frei". Sie können jedoch festlegen, dass die Option auch dann nicht handelbar ist, indem Sie zum Beispiel ein Übertragungsverbot an Dritte festlegen.
Darüber hinaus können Sie auch noch eine cliff period vereinbaren. Durch eine solche Vereinbarung wird nach Ablauf der Zeitspanne der cliff period ein bestimmter Anteil der Aktien bzw. Unternehmensanteile, die sich noch innerhalb der vesting period befinden, „gevestet". Das Ergebnis ist, dass diese Optionen nicht mehr verfallen können.

BEISPIEL

Sie legen eine vesting period für die Dauer von vier Jahren und eine cliff period von einem Jahr fest. Ihr Dienstnehmer verlässt das Start-up nach sieben Monaten.

Da im vorliegenden Fall im ersten Jahr keine Unternehmensanteile gevestet werden, bekommt der Dienstnehmer, der das Start-up im ersten Jahr verlässt, keine Unternehmensanteile.

Phantom Shares

Großer Beliebtheit erfreut sich bei Start-ups eine spezielle Variante eines Mitarbeiterbeteiligungsmodells, die sogenannten Phantom Shares (bzw. Phantome Stocks). Es handelt sich dabei um virtuelle, also fiktive Geschäftsanteile (bzw. fiktive Aktien).

Die Einräumung von Phantom Shares ist ein guter Weg, um aus Ihrer Sicht wertvolle Mitarbeiter an Ihr Start-up zu binden. Mittels der Phantom Shares sind die Mitarbeiter nämlich am Unternehmenserfolg wie Gesellschafter beteiligt, haben aber formal keine Gesellschafterstellung. Bei diesem Mitarbeiterbeteiligungsmodell werden die vermögensrechtlichen Ansprüche schuldrechtlich durch einen Vertrag über die jeweilige virtuelle Beteiligung „nachgebildet".

Über eine schuldrechtliche Vereinbarung – ein Phantom Share Agreement oder ein Virtual Share Program (VSP) – können die Begünstigten vermögensmäßig so gestellt werden, als wären diese mit einer bestimmten Zahl von Geschäftsanteilen an dem Start-up beteiligt. Die virtuellen Geschäftsanteile stellen erst dann einen realen Geldwert dar, wenn das Start-up beim Exit einen Erlös erzielt.

Bei Vergütungen aus einem „Phantom Share Agreement" handelt es sich um eine variable Vergütung für Dienstnehmer, bei der der jeweilige Dienstnehmer abhängig von seiner Leistung mit imaginären Geschäftsanteilen bezahlt wird. Vermittelt werden daher nicht echte, sondern nur fiktive, nicht übertragbare Gesellschaftsanteile.

DO

Bei Start-ups sind Phantom Shares auch deshalb so beliebt, weil sie aus steuerrechtlicher Sicht den Vorteil haben können, dass beim Einräumen der virtuellen Beteiligung unter Umständen noch keine Steuerpflicht ausgelöst wird. Die Steuerpflicht entsteht voraussichtlich erst bei der tatsächlichen Zahlung aus den Phantom Shares, also im Verkaufszeitpunkt. Kontaktieren Sie für nähere Informationen dazu Ihren Steuerberater.

Phantom Shares sind für Sie als Gründer eines Start-ups dann empfehlenswert, wenn den Mitarbeitern keine Gesellschafterstellung eingeräumt werden soll. Für Sie hat dies den Vorteil, dass sich die Gesellschafterstruktur nicht ändert und es auch zu keiner „Zersplitterung" der Anteile an Ihrem Start-up kommt. Solch eine Konstellation hat somit den positiven Effekt, dass Sie (Neben-)Kosten sparen und bürokratische Hürden wie etwa Änderungen im Firmenbuch vermeiden. Ferner sind Sie bei den Phantom Shares grundsätzlich flexibler, da Sie gesellschaftsrechtliche Schranken variieren und daher die Ansprüche der Mitarbeiter individuell gestalten können. Anstatt höhere Gehälter zu zahlen, bietet es sich daher an, Phantom Shares einzuräumen. Die Tatsache, dass die Dienstnehmer dank der Phantom Shares an den Erlösen des Exits partizipieren werden, motivieren diese und binden sie an Ihr Unternehmen.

Betriebsübung

Unter einer Betriebsübung ist eine regelmäßige Wiederholung gleicher Verhaltensweisen zu verstehen, unabhängig davon, ob es sich um einen Vorteil oder Nachteil für den Dienstnehmer handelt. Beachten Sie, dass eine Betriebsübung durch schlüssige Vertragsergänzung Bestandteil der Einzelarbeitsverträge werden kann.

BEISPIEL

Die Dienstgeberin gibt ihren Dienstnehmern jedes Jahr eine „Weihnachtsprämie".
Sofern die Dienstgeberin nicht bei jeder Gewährung der Prämie den Vorbehalt der Freiwilligkeit und Unverbindlichkeit mitteilt, entsteht eine betriebliche Übung und daher ein Rechtsanspruch der Dienstnehmer auf die Weihnachtsprämie.

Von einer regelmäßigen wiederkehrenden Gewährung ist dann auszugehen, wenn der Dienstnehmer berechtigterweise darauf vertrauen kann, dass er diese Leistung von Ihnen als Dienstgeber auch in Zukunft bekommen wird. Das hat zur Folge, dass Zuwendungen, die regelmäßig gewährt werden und mit denen der Dienstnehmer rechnen kann, verpflichtender Vertragsinhalt werden. Das bedeutet, dass der Dienstnehmer sodann einen Rechtsanspruch auf diese Leistung hat.

Eine Ausnahme besteht lediglich, wenn Sie als Dienstgeber bei jeder Gewährung klar betonen, dass es sich um freiwillige, unverbindliche und jederzeit widerrufliche Leistungen handelt. Somit müssen Sie als Dienstgeber bei jeder Zahlung einer Zuwendung oder Auszahlung einer Prämie den Vorbehalt der Freiwilligkeit und Unverbindlichkeit wiederholen. Beachten Sie, dass nur die Betonung der Freiwilligkeit (und nicht auch gleichzeitig der Unverbindlichkeit) nicht ausreichend ist, um das Entstehen einer betrieblichen Übung zu verhindern.

DO

Betonen Sie bei jeder Auszahlung einer Zuwendung unbedingt ausdrücklich und halten Sie dies am besten auch schriftlich fest, dass es sich um eine freiwillige, unverbindliche und jederzeit widerrufliche Zuwendung handelt. Ansonsten verliert diese regelmäßig gewährte Zuwendung den Charakter der Freiwilligkeit und begründet für die Dienstnehmer einen Anspruch auf Zahlung.

Zusätzlich sollten Sie sich, falls doch ein Rechtsanspruch entstehen sollte, einen Widerruf vorbehalten. Das heißt, dass Sie auch die Widerrufbarkeit der Leistung ausdrücklich festhalten sollten.

Es ist daher zwischen einem „Unverbindlichkeitsvorbehalt" einerseits und einem „Widerrufs- bzw. Änderungsvorbehalt" andererseits zu unterscheiden.

Mit einem Unverbindlichkeitsvorbehalt weisen Sie darauf hin, dass Sie die Leistung freiwillig und ohne Anerkennung einer Rechtspflicht bzw. ohne Einräumung eines Anspruchs auf zukünftige Leistungserbringungen gewähren. In diesem Fall reicht es aus, wenn Sie in Zukunft die Leistung einstellen.

Im Gegensatz dazu setzt ein Widerrufsvorbehalt grundsätzlich einen Anspruch des Dienstnehmers voraus, der durch Widerruf vernichtet werden kann. Änderungs- und Widerrufsvorbehalte sind grundsätzlich zwar zulässig, Sie als Dienstgeber müssen aber bei ihrer Ausübung nach Treu und Glauben und nach billigem Ermessen vorgehen. Die Ausübung des Widerrufsvorbehalts unterliegt nämlich einer gewissen Ausübungskontrolle durch die Gerichte, denn diese prüfen auf Antrag im jeweiligen Einzelfall die rechtmäßige Ausübung.

Kapitel 4

Übernahme von Konkurrenten - Exit - Worst-Case-Szenario

Sie haben es dank Ihrer innovativen Idee mit Ihrem Start-up geschafft – Ihr Unternehmen ist rasant gewachsen. Nun steht der nächste große Schritt bevor: die Übernahme von Konkurrenten. Nach erfolgreicher Übernahme hat sich der Unternehmenswert Ihres Start-ups binnen kürzester Zeit vervielfacht und nun ist es soweit: Der Exit steht bevor. Sie wissen, was ein Exit für Sie und die womöglich vorhandenen Investoren bedeutet. Was geschieht jedoch mit den Mitarbeitern des Start-ups?
Was Sie bei den verschiedenen Szenarien, der Übernahme von Konkurrenten und in der Phase des Exits zu beachten haben, aber auch was Sie in einem Worst-Case-Szenario nicht unbeachtet lassen sollten, erfahren Sie in diesem Kapitel.

Was ist bei der Übernahme von Konkurrenten zu beachten?

Sie haben es geschafft! Sie sind mit Ihrem Start-up erfolgreich und stehen finanziell so gut da, dass Sie andere Unternehmen übernehmen können? Aus gesellschaftsrechtlicher und steuerlicher Sicht wissen Sie bereits, was auf Sie zukommt, doch Sie fragen sich möglicherweise, was mit den Dienstnehmern des Unternehmens, das Sie übernehmen möchten, geschieht? Müssen Sie diese auch übernehmen?

Grundsätzlich hängt die Antwort auf diese Frage aus arbeitsrechtlicher Sicht davon ab, ob ein Betriebsübergang im Sinne des § 3 Arbeitsvertragsrechts-Anpassungsgesetz (AVRAG) vorliegt oder nicht. Liegt ein Betriebsübergang vor, gehen die Arbeitsverhältnisse auf Sie als neuen Dienstgeber ex lege, also kraft Gesetzes, über. Die damit zusammenhängenden Kostenfolgen müssen von Ihnen daher auch bedacht werden.

Was ist ein Betriebsübergang?

Ein Betriebsübergang im Sinne des § 3 Arbeitsvertragsrechts-Anpassungsgesetz (AVRAG) liegt vor, wenn ein Unternehmen, ein Betrieb oder ein Betriebsteil auf einen anderen Inhaber übergeht. Hierbei tritt der „neue" Inhaber als Dienstgeber mit allen Rechten und Pflichten in die im Zeitpunkt des Überganges bestehenden Arbeitsverhältnisse ein. Es handelt sich dabei um eine „Eintrittsautomatik", die ex lege eintritt.

In der Praxis stellt sich oft die Frage, ob ein Betriebs(teil)übergang vorliegt oder nicht. Die Beurteilung ist nicht immer einfach. Kurz zusammengefasst lässt sich sagen, dass dies der Fall ist, wenn eine auf Dauer angelegte wirtschaftliche Einheit ihre Identität beibehält, obwohl sie auf einen neuen Inhaber übergeht. Die Beurteilung, ob ein Betriebsübergang vorliegt, hängt jedoch stets von den Umständen des jeweiligen Einzelfalls ab. Aufgrund der genannten Rechtsfolge ist die richtige Qualifikation von großer Wichtigkeit.

CHECKLISTE

Um beurteilen zu können, ob ein Betriebsübergang gegeben ist, muss im Sinne eines beweglichen Systems eine Gesamtbewertung der vorliegenden Tatbestandsmerkmale vorgenommen werden. Dabei ist das Vorliegen folgender Kriterien wesentlich:

- die Übernahme der materiellen und immateriellen Betriebsmittel,
- die Übernahme des Großteils der Belegschaft,
- die Ähnlichkeit der vor und nach der Übernahme verrichteten Tätigkeit,
- die Dauer einer allfälligen Unterbrechung oder Einstellung dieser Tätigkeit,
- der Übergang der Kundschaft,
- die Fortführung der wirtschaftlichen Einheit,
- die Übertragung einer organisierten Gesamtheit von Personen und Sachen zur Ausübung einer wirtschaftlichen Tätigkeit mit eigener Zielsetzung.

Bei der Beurteilung, ob ein Betriebs(teil)übergang vorliegt, spielt auch die Art des Betriebes eine Rolle. Bei bestimmten Arten von Betrieben ist beispielsweise die Belegschaft und deren Organisation wesentlicher als die materiellen Betriebs- oder Arbeitsmittel. Das bedeutet, dass man überprüfen muss, ob die menschliche Arbeitskraft oder der Einsatz von Betriebsmitteln im Vordergrund steht.

Es ist hingegen irrelevant, auf welche Weise der Übergang stattgefunden hat. Es sind nämlich alle Übertragungsvorgänge – somit nicht nur der Kauf – erfasst. Eine Ausnahme besteht bei einem Betriebsübergang im Fall eines Sanierungsverfahrens ohne Eigenverwaltung oder eines Konkursverfahrens des Veräußerers – in diesen Fällen kommt es nicht zu einem automatischen Übergang der Arbeitsverhältnisse.

Beachten Sie, dass mit dem Übergang der Dienstverhältnisse auch eventuelle freie Betriebsvereinbarungen oder Betriebsübungen, sofern diese zum Inhalt der jeweiligen Dienstverträge geworden sind, auf Sie als Erwerber übergehen. Die bisherigen Arbeitsbedingungen der Mitarbeiter bleiben nämlich grundsätzlich aufrecht. Eine Ausnahme besteht jedoch, wenn in den Regelungen über den Wechsel der Kollektivvertragsangehörigkeit, die betrieblichen Pensionszusagen und über die Weitergeltung von Betriebsvereinbarungen etwas anderes bestimmt ist.

Das Gesetz sieht zwei Fälle vor, in denen Dienstnehmer dem Übergang ihres Dienstverhältnisses widersprechen können. Dieses Widerspruchsrecht liegt vor, wenn der Erwerber den kollektivvertraglichen Bestandschutz oder die betrieblichen Pensionszusagen nicht übernimmt.

Grundsätzlich muss der Dienstnehmer binnen eines Monats ab Ablehnung der Übernahme durch den Erwerber widersprechen. Unterlässt es der Erwerber jedoch, sich zum Zeitpunkt des Betriebsüberganges zu äußern, hat der Dienstnehmer dem Erwerber eine angemessene Frist zu setzen. Binnen eines Monats nach Ablauf dieser Frist kann der Dienstnehmer der Übernahme widersprechen. Widerspricht der Dienstnehmer, so bleibt sein Dienstverhältnis zum Veräußerer unverändert aufrecht.

Sollten durch den nach Betriebsübergang anzuwendenden Kollektivvertrag oder die dann anzuwendenden Betriebsvereinbarungen die Arbeitsbedingungen wesentlich verschlechtert werden, kann der Dienstnehmer das Dienstverhältnis unter Einhaltung der Kündigungsfristen und -termine lösen. Dies muss er binnen eines Monats ab dem Zeitpunkt, ab dem er die Verschlechterung erkannte oder erkennen musste, tun. Dem Dienstnehmer stehen die zum Zeitpunkt einer solchen Beendigung des Dienstverhältnisses gebührenden Ansprüche wie bei einer Dienstgeberkündigung zu.

Was muss bei der Übernahme mehrerer Dienstnehmer eines anderen Unternehmens beachtet werden?

Kennen Sie mehrere Mitarbeiter, die in einem „fremden“ Unternehmen tätig sind und gerne in Ihr Start-up wechseln möchten? Sollten „nur“ die Dienstnehmer von einem anderen Betrieb in Ihren wechseln, ist dies nicht als Betriebsübergang zu qualifizieren, solange nicht gleichzeitig die organisatorische und wirtschaftliche Einheit, in der die Dienstnehmer bis zu dem Wechsel tätig waren, übergeht.

DO

Bevor Sie mehrere Mitarbeiter eines anderen Unternehmens übernehmen, gehen Sie sicher, dass die Übernahme der Mitarbeiter keinen Betriebsübergang darstellt. Wie weiter oben angeführt, gehen nämlich bei einem Betriebs(teil)-übergang sämtliche Dienstverhältnisse auf den Erwerber über.

Verkauf des Start-ups - Exit

Ihr Start-up hat eine gute Bewertung und Sie möchten Ihre Geschäftsanteile daher verkaufen? Mit dem Exit, dem Verkauf, endet Ihre Gesellschafterstellung und Sie verlassen das Start-up.

Welche arbeitsrechtlichen Folgen hat der Verkauf eines Start-ups?

Steht der Verkauf Ihres Start-ups bevor, stellen Sie sich womöglich die Frage, was mit Ihren Dienstnehmern passieren wird.

Bei einem Verkauf Ihres Start-ups sind die Bestimmungen hinsichtlich des Betriebsübergangs anwendbar. Es ist somit zu prüfen, ob ein Betriebsübergang im Sinne des § 3 AVRAG vorliegt. Sollte Ihr ganzes Start-up, also auch die organisatorische und wirtschaftliche Einheit, von jemandem anderen übernommen werden, wird in diesem Fall wohl ein Betriebsübergang vorliegen und die Dienstverhältnisse werden daher auf den neuen Inhaber übergehen.

Genaueres zu den Kriterien, wann ein Betriebsübergang vorliegt, siehe dieses Kapitel, Abschnitt „Was ist ein Betriebsübergang?".

Abbau von Dienstnehmern

Kein Start-up ist davor gefeit, dass sich die Situation ändert und es nach einem rasanten Wachstum in eine Krise schlittert, sei es zum Beispiel, weil sich die Auftragslage drastisch verschlechtert oder potenzielle Geldgeber abspringen. Um Ihr Start-up am Leben zu erhalten, beschließen Sie, die Belegschaft zu reduzieren. Auch in dieser schwierigen Phase gibt es Vorschriften, die Sie beachten müssen.

Eine Bestimmung, die Sie keinesfalls unbeachtet lassen sollten, ist jene über die Verständigung des Arbeitsmarktservices (AMS) bei einer „Massenkündigung". Wann eine solche vorliegt und was Sie zu tun haben, damit die von Ihnen auszusprechenden Kündigungen nicht rechtsunwirksam sind, erfahren Sie in der Folge.

Massenkündigungen - Frühwarnsystem gemäß § 45a AMFG

Beachten Sie, dass Sie als Dienstgeber gemäß § 45a Arbeitsmarktförderungsgesetz (AMFG) verpflichtet sind, die nach dem Standort Ihres Betriebes zuständige regionale Geschäftsstelle des Arbeitsmarktservices schriftlich zu verständigen, wenn Sie beabsichtigen, innerhalb eines Zeitraumes von 30 Tagen Dienstverhältnisse

- von mindestens fünf Dienstnehmern in Betrieben mit in der Regel mehr als 20 und weniger als 100 Beschäftigten oder
- von mindestens fünf Prozent der Dienstnehmer in Betrieben mit 100 bis 600 Beschäftigten oder
- von mindestens 30 Dienstnehmern in Betrieben mit in der Regel mehr als 600 Beschäftigten oder
- von mindestens fünf Dienstnehmern, die das 50. Lebensjahr vollendet haben (eine Ausnahme besteht hier bei Saisonbetrieben),

aufzulösen.

Die Verpflichtung zur Anzeige besteht auch bei Insolvenz.

Die Anzeige muss mindestens 30 Tage vor der ersten Erklärung der Auflösung eines Dienstverhältnisses erstattet werden. Prüfen Sie, ob der auf die Dienstverhältnisse anwendbare Kollektivvertrag keine längere Frist vorsieht. Die Frist kann nämlich mittels Kollektivvertrag verlängert werden.

Kündigungen, die eine Auflösung von Dienstverhältnissen in diesem Ausmaß bezwecken, sind rechtsunwirksam, wenn sie

- vor Einlangen der genannten Anzeige bei der regionalen Geschäftsstelle des Arbeitsmarktservices oder
- nach Einlangen der Anzeige bei der regionalen Geschäftsstelle des Arbeitsmarktservices vor Ablauf der 30-tägigen Frist,

ausgesprochen werden.

Die Landesgeschäftsstelle des AMS kann ihre Zustimmung zu einer Kündigung jedoch vor Ablauf der Frist geben.

DON'T

Sprechen Sie vor Ablauf des Zeitraumes von 30 Tagen keine Kündigungen aus, da binnen dieser Frist ausgesprochene Kündigungen rechtsunwirksam sind.

Es wird auf die Anzahl der Kündigungsaussprüche abgestellt. Um diese Kündigungssperre nicht auszulösen, können Sie die Kündigungen entsprechend aussprechen bzw. einvernehmliche Auflösungen vornehmen.

BEISPIEL

Sie haben insgesamt 45 Dienstnehmer. Aufgrund von finanziellen Schwierigkeiten müssen Sie nun 22 Mitarbeiter kündigen.
Da Sie in der Regel mehr als 20 Mitarbeiter haben und nun 22 Mitarbeiter zu kündigen beabsichtigen, müssen Sie das AMS schriftlich verständigen, wenn Sie die Kündigungen innerhalb eines Zeitraumes von 30 Tagen aussprechen werden.
Die Verständigung muss jedoch nicht erfolgen, wenn Sie mit mindestens 18 Dienstnehmern eine einvernehmliche Auflösung vereinbaren.

Die Verständigung des AMS muss auch dann nicht erfolgen, wenn Sie mit den Kündigungen zuwarten und die Kündigungen so verteilt aussprechen, dass nie mehr als vier Kündigungen in einem Zeitraum von 30 Tagen ausgesprochen werden.

Stichwortverzeichnis